四川研学旅行发展研究

（第一辑）

主　编○冯明义　吴　勇
副主编○何芙蓉　陈　倩　李　利　张冬冬

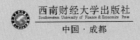

西南财经大学出版社
Southwestern University of Finance & Economics Press

中国·成都

图书在版编目（CIP）数据

四川研学旅行发展研究.第一辑/冯明义,吴勇
主编;何芙蓉等副主编.--成都:西南财经大学出版社,
2025.4.--ISBN 978-7-5504-5858-1

Ⅰ.F592.771

中国国家版本馆 CIP 数据核字第 2025G0M025 号

四川研学旅行发展研究（第一辑）

SICHUAN YANXUE LÜXING FAZHAN YANJIU（DIYIJI）

主　编　冯明义　吴　勇

副主编　何芙蓉　陈　倩　李　利　张冬冬

策划编辑:何春梅　周晓琬
责任编辑:周晓琬
责任校对:乔　雷
封面设计:何东琳设计工作室
责任印制:朱曼丽

出版发行	西南财经大学出版社（四川省成都市光华村街 55 号）
网　　址	http://cbs.swufe.edu.cn
电子邮件	bookcj@ swufe.edu.cn
邮政编码	610074
电　　话	028-87353785
照　　排	四川胜翔数码印务设计有限公司
印　　刷	成都市火炬印务有限公司
成品尺寸	170 mm×240 mm
印　　张	16.75
字　　数	236 千字
版　　次	2025 年 4 月第 1 版
印　　次	2025 年 4 月第 1 次印刷
书　　号	ISBN 978-7-5504-5858-1
定　　价	88.00 元

前　言

　　2016 年 11 月 30 日，教育部、国家发展改革委、公安部、财政部等 11 部门联合出台了《关于推进中小学生研学旅行的意见》，要求各地将研学旅行摆在更加重要的位置，将研学旅行纳入中小学教育教学计划，加强研学旅行基地建设，规范研学旅行组织管理，健全经费筹措机制，建立安全责任体系，推动研学旅行的快速、健康发展。此后，教育部相继出台《关于开展 2017 年度中央专项彩票公益金支持中小学生研学实践教育项目推荐工作的通知》《中小学德育工作指南》《中小学综合实践活动课程指导纲要》，原国家旅游局（现为文化和旅游部）制定了《研学旅行服务规范》。各地也相继出台研学旅行政策、制定研学标准，引导、支持研学旅行活动的开展，中小学研学实践活动在全国范围内推广开来。随着研学实践活动的广泛开展，研学旅行市场主体定位不清、产品质量不高、专业人才缺乏、评价机制不健全等问题引起了社会各界的广泛关注。

　　西华师范大学申报的"四川研学旅行发展研究中心"，于 2021 年 8 月成功获批四川省高等学校人文社会科学重点研究基地。中心自成立以来，按照基地建设要求，努力营造良好的科研氛围和学术环境，力争把中心建设成为高产出科研成果、高水平科技创新、高层次人才培养、高影响学术交流的基地，助推四川研学旅行高质量发展。中心根据四川省社科联、四川省教育厅相关规定，每年定期发布基地课题，研究主题包括（但不仅限于）研学旅行理论研究、研学旅行实践探索、研学旅行课程开发等方面，项目申报单位涵盖川渝多家高校、中小学和研学机构。自 2022 年起，中心积极参与四川省学校国有资产与教育装备中心、南充市文化广播电视和旅游局、区县文广局等部门组织开展的多项研学项目评审工作，与乐山嘉祥外国语学校、南江中学、南充高中、沿滩区逸夫小学等中小学建立战略合作关系；加强与地方文旅部门、中小学院校、研学旅行机构等的交流合作，承担乐山市博物馆、峨眉山博物馆、南充博物院、张澜纪念馆等多家单位的课程联合研发，服务研学旅行的健康发展。2023 年，中心聚焦四川研学旅行的新理念、新路径，举办四川省研学旅行高质量发展学术研讨会，川内高校、中小学，以及研学机构的专家学者百余人参会。

　　四川研学旅行发展研究中心始终围绕中小学研学旅行展开工作，旨在指导中小学研学旅行实践活动，为地方政府的研学旅行政策制定提供服务咨询。《四川研学旅行发展研究（第一辑）》是四川研学旅行发展研究中心研究团队、西华师范大学科研创新团队"研学旅行理论与实践创新团队"（团队编号：SCXTD2022-6）的阶段性成果，共收录优秀论文 16 篇，分为研学旅行理论研究、研学旅行课程开发、研学旅行产品开发、研学旅行基地建设、研学旅行活动评价五大主题，论文集内容涉及研学旅行补贴政策研究、研学旅行发展路径研究、研学旅行课程设计、研学旅行产品开发、研学旅行服务研究、研学旅行评价研究等。论文集相关研究成果可供研学旅行教育工作者、从业人员参考借鉴，以期推动四川省研学旅行的高质量发展。本书的编写得到了四川农业大学、成都理工大学、内江职业技术学院、绵阳职业技术学院、绵阳东辰学校等多个项目团队以及西南财经大学出版社的鼎力支持，特此致谢！

冯明义　吴勇

2024 年 9 月

目 录 CONTENTS

第二部分　研学旅行课程开发

目 录 CONTENTS

第一部分

研学旅行理论研究

基于供应链视角研学旅行的最优补贴策略研究

刘　诚　倪婷婷　阳琴　魏俊益

摘　要

目前，政府主要从供给侧资助研学旅行的基地建设及产业发展，对家庭的补贴方式仅为补贴特困学生。该补贴方式与其他行业的双向补贴策略不同，激励效果不佳。本文引入知识获取敏感系数和产品质量敏感系数，考虑消费者效用递减规律构建游客效用函数，基于供应链视角构建家庭利润函数与补贴绩效函数，探析研学旅行最优补贴策略，并验证了模型的准确性和命题的正确性，为研学补贴政策的制定提出建议。研究发现：研学补贴方式的选择要结合研学领域的侧重角度，从供应链整体效益角度考虑，供方补贴更有效；从市场发展角度考虑，双向补贴更有效。基于此，提出相关建议以协调区域教育水平差距，完善研学与服务产业融合与可持续发展。

关键词

研学旅行；补贴策略；供应链；效用函数

基金项目：四川研学旅行发展研究中心项目——"研学旅行补贴政策研究——对家庭补贴是否能更有效促进研学旅行的需求"（项目编号：YX22-08）。

作者简介：刘诚，男，四川农业大学都江堰校区基础教学部主任，副教授，理学硕士，主要研究领域为基于数学模型的林业与管理相关问题。倪婷婷，女，四川农业大学商旅学院研究生，管理学硕士，主要研究领域为乡村旅游、组织行为。阳琴，女，四川农业大学商旅学院研究生，管理学硕士，主要研究领域为研学旅游和亲子旅游。魏俊益，男，四川农业大学都江堰校区党政办主任，副教授，主要研究领域为森林康养、乡村旅游和研学旅游。

一、引言

随着"双减"政策的落实和劳动教育的变革，劳动教育被纳入"五育"教育范畴，学生培养重心转向核心素养教育，研学旅行成为践行教育变革的重要途径。数据显示，2017—2019 年，中国研学旅行人次从 739 万增加至 994 万，2020 年受疫情影响下降至 604 万，到 2021 年达 798 万，市场规模达 106 亿元，预计 2025 年将突破 296 亿元。不断增长的研学教育需求造成巨大的供给压力，政府先后出台《关于促进旅游业改革发展的若干意见》《教育部等 11 部门关于推进中小学生研学旅行的意见》等一系列支持研学旅行教育发展的政策文件，建立起政府监督、部门支持、学校组织、基地服务、企业对接、家庭参与的研学教育体系。研学补贴是政府应对区域教育水平差距的一项重大决策，对激发研学市场活力、促进中国落实教育实践、推动研学旅行示范基地规范化发展[1]具有重要意义。目前，研学补贴主要用于研学基地建设、研学产品开发和师资团队培养[2]，即集中于供方，对需方的补贴仅表现为减免特困学生的研学费用。

2005—2015 年，中央财政安排预算内专项投资 30.08 亿元，建设全国红色旅游重点景区；投资经费 10.90 亿元，修缮国家重点文物，支持爱国主义教育示范基地陈列布展；安排预算内补助投资 2.32 亿元，建设红色旅游景区基础设施建设；中央对免费开放的博物馆和全国爱国主义教育示范基地提供运营补贴和布展补助[3]。然而，研学旅行仍存在经费不足[4]、研学基地基础设施不完善和产品单一[5][6]等问题。这些问题多集中于受到资金补助的基地，其原因可能是充足的财政补贴未合理运用。学者认为单独对供方的补贴和干预易导致产能过剩[7]，从长远来看，对供方进行补贴可能不利于消费者利益和产业稳定性[8]。显然，以供给侧补贴为重心很难释放市场消费潜力。因此，各行业通常采取双向补贴策略。

研学旅行补贴政策未能充分发挥作用，很可能是由于供方补贴在实施过程中存在道德风险、政策倾斜、资源分配不公平和福利反导向等问题[9][10][11]。虽然供方的补贴政策可以有效提高产品质量和降低研学产品价格，但是也会造成资金倾斜供方，导致供方产能过剩和资金冗余，有限资金无法合理运用。对此，供给侧结构性改革也明确提出要优化供给侧环境和机制。因此，亟须探究现有研学补贴政策的有效性。

针对研学旅行补贴政策问题，已有研究基于问卷调查法探索研学示范基地政策与需求方之间的相关性，并建议政府建立研学旅行示范基地优惠补偿机制，即对游客进行补贴，这既能实现研学旅行的教育示范功能，又能保证营利性[12]。然而，学术界关于定量的论证增加需方补贴的可行性和有效性的研究有限。与供方补贴相比，双向补贴确实更有效吗？

基于此，本文在政府补贴研学旅行的背景下，从供应链视角构建模型进行决策研究，分别研究"补贴基地"和"补贴基地和家庭"的两种情形。考虑消费者效用递减规律，引入知识获取敏感系数和产品质量敏感系数构建消费者效用函数，并求得游客需求函数、基地利润函数和补贴绩效函数，以补供方为基准，比较两种补贴方式对研学旅行市场的影响。

二、文献回顾

我国研学旅行处于起步发展阶段，研学内容主要分为"国防教育与红色教育""劳动教育""创客教育"三大领域，市场导向受政策影响。补贴政策是行业发展初期刺激需求的常见手段，分为需方补贴、供方补贴和双向补贴三种。需方补贴面向家庭，主要指减免特困学生的研学费用。供方补贴面向研学基地，政府对基地的财政补贴包括建设补贴和运营补贴[13]。为缩小区域教育水平差距[14]，研学补贴制度已经成为教育变革的重要要求，是当前完善我国研学教育和综合素质培养体系的迫切需求，以及促进研学产业发展的关键举措[15]。

目前，学术界对研学补贴的研究主要集中在财政补贴效果研究和经费保障体系研究两个方面，对补贴方式方面的研究缺乏。财政补贴效果方面，美国学者发现研学基金会影响教师发展和教学整体质量[16]，英国学者证实紧急情况下财政补贴可以提高学生的实践学习[17]。经费保障体系方面，新加坡将研学旅行纳入国家课程实践逻辑并建立国家与社会联动学校和家庭的经费保障体系[18]。各国政府采取不同的补贴形式促进研学产业的发展，这些研究都表明研学旅行需要充足的资金支持[19]，以及其在核心素质教育中的重要地位。

我国研学补贴实施会根据不同的研学领域进行不同形式的补贴，但补贴资金主要集中在基地，侧重研究研学补贴的效果。目前研学产业发展面临资金缺乏和人才短缺等问题[20]，对此，学者从研学产品创新路径影响机制的角度出发，验证了经费补贴的必要性[21]。陈坤等人从创业教育和劳动教育两种研学旅行的领域探讨研学教育融合发展下学生培养资金保障的重要性[22]。显然，研学补贴在推动研学需求方面已见成效，但为何在充足的财政补贴下仍存在经费短缺的问题呢？参照我国其他领域较成功的补贴政策，比如，新能源汽车补贴政策的实施促进了消费者对新能源汽车的需求，而新能源汽车的补贴政策是供方与需方补贴相结合运用的。类似的领域还包括绿色消费、农产品、公共资助培训等，这些领域的补贴政策均采用双向补贴方式。由此，在同样的宏观经济环境下，研学补贴未达到预期效果很可能是由于补贴方式选择不当。

值得注意的是，已有学者对补贴政策进行定量研究，并对比不同补贴方式，但研学补贴相关研究较少，这也正是本文试图补充的研究内容。

为完成此类量化研究，本文基于公共产品经济学的思想，以不同的补贴主体为研究对象梳理个人决策的影响因素。补贴政策研究对象分为供方和需方，研究方法主要包括计量经济模型和演化博弈分析。计量经济模型侧重宏观指标的数据分析，虽然可以确定补贴与需求间的总体趋势，但却不能直接指导实践，这在 Zhang L 等人的研究中有所体现。他们从旅游成本视角研究绿色出行政策补贴、税收和道路收费等对出行意愿的交叉影响[24][25]。演化博弈分析又包括无供应链和有供应链两种。在无供应链的博弈分析方面，赵骅等人将补贴分为市场补贴、研发补贴和混合补贴三种，并发现梯度研发补贴和高端市场补贴的混合补贴方式能获得最好的效果[26]；夏西强等人发现单渠道回收模式下改变补贴对象不影响市场需求，但在双渠道回收模式下补贴回收商家的效果更好[27]。在与供应链的博弈分析方面，冯华等人比较供方和需方补贴的效果，发现混合补贴既能减轻政府财政压力，也能改善养老服务消费者的境况[28]；朱江华等人基于生鲜农产品供应链分析采购补贴、销售补贴和无补贴三种情境，发现补贴策略的选择与财政补贴密切相关[29]。这些研究说明在不同的研究背景和政府资金预算下，双向补贴的方式已被广泛接受，但最优的补贴方式仍存在差异。因此，目前研学旅行的补贴方式是否有效还需要进一步探析。演化博弈分析已被广泛应用于补贴方式比较分析中（见表1），同时，表1中的研究与本文具有相同的政府介入主题，并且研究结果大多验证了双向补贴的优越性，为本文的模型框架提供了重要参考。

表 1　现有补贴政策的研究方法和研究内容

研究	研究内容	研究结果	研究方法
Zhang L 等（2020）	政策补贴、税收和道路收费对出游意愿的影响	补贴具有正向效果	计量经济模型
刘飞雪等（2021）	太阳辐射量和各省电价补贴额度等对光伏装机规模的影响	补贴具有正向效果但不显著	计量经济模型
赵骅等（2019）	在新能源汽车领域，比较供方、需方和双向补贴的效果	双向补贴效果好	演化博弈（无供应链）
夏西强等（2021）	比较分析单渠道和双渠道下不同的补贴方式	单渠道无差异，双渠道供方补贴更有效	演化博弈（无供应链）
冯华等（2022）	在养老服务领域下，比较供方、需方和双向补贴的效果	双向补贴效果好	演化博弈（供应链）
朱江华等（2022）	在生鲜农产品领域下，比较供方、需方和无补贴的效果	动态调整的补贴方式最优	演化博弈（供应链）

本文的创新之处在于：①不仅扩充了研学旅行的研究方法和政策研究，还丰富了供应链视角下的研究领域和研究范围。②指数设定贴近实际。基于效用边际递减规律，考虑消费者在收入不变时，随着对一种产品消费数量的增加，获得的边际效用逐渐递减，因此构建消费者效用函数时采用指数介于 0 和 1 之间的指数函数，使建立的效用函数更贴近实际，同时根据研学旅行的特征和发展现状，在消费者效用函数中引入知识获取和产品质量敏感系数。本文给出了政府和基地的最优决策，为政策影响机制提供逻辑一致的微观和理论基础，为研学旅行补贴政策的制定和行业发展提供参考借鉴。

三、问题描述与假设

（一）问题描述

补贴政策在行业发展初期能有效促进市场，与我国研学旅行发展现状相符。

然而，研学旅行在充足的资金投入下，市场发展仍资金缺乏，活力不足。调查发现研学补贴集中于供方，对需方补贴甚微，这与其他行业双向补贴方式不同。同时，学者研究表明双向补贴在大多数应用场景相比单向补贴更有效。因此，本文致力于比较分析目前研学市场的补贴方式及双向补贴是否比供方补贴更有效。

本文考虑基地、家庭和政府构成的研学旅行供应链。借鉴 Adem 等[30]、Choudhary 等[31]和 Chiang W Y K 等[32]的处理方法，构建研学旅行补贴模型（见图1）。供应链的决策顺序依次是：第一阶段，确定政府对基地和家庭的补贴。第二阶段，考虑到研学旅行与普通旅游形式相比，具有独特的教育属性，那么，家庭对其他所提供研学产品的支付意愿不仅受价格影响，也与知识获取程度和研学产品质量有关[5][6]，由此引入知识敏感系数和产品质量敏感系数；第三阶段，家庭根据支付意愿、对补贴的敏感系数和实际研学旅行的价格进行决策。

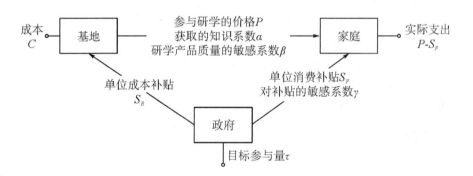

图1　研学旅行的供应链模型

（二）符号说明

S_B：基地的单位成本补贴，$0 \leq S_B \leq 1$；

S_F：家庭的单位消费补贴，$0 \leq S_F \leq 1$；

S：补贴总额，$S = S_F + S_B$；

D：研学产品的需求；

P：研学产品的单位价格；

C：研学产品的单位成本，$0 < C \leq 1$；

U：家庭效用，当 $U > 0$ 时，家庭会选择参与研学旅行；

v：家庭支付意愿；

α：家庭获取的知识系数，$0 \leq \alpha < 1$；

β：研学产品质量的敏感系数，$0 \leq \beta < 1$；

γ：家庭对补贴的敏感系数，$\gamma > 1$；

$\alpha \sqrt{C}$：研学旅行的知识获取，基地研学旅行建设的成本越高，家庭获取的知识越多，但边际效用逐渐降低；

$\beta \sqrt{S_B}$：研学产品质量带来的消费者效用，政府对基地的补贴越多，家庭获得的研学产品质量水平越高，但产品质量的提高幅度逐渐降低；

π：基地的利润；

U_g：补贴绩效，$U_g \geq 0$；

τ：目标参与量，$D \geq \tau > 0$；

b：供方补贴方式；

t：双向补贴方式；

*：最优决策。

（三）问题假设

假设1：基地的目标是利润最大化，政府补贴的目标是实现研学旅行参与量最大化；

假设2：家庭的支付意愿 v 服从（0，1）的均匀分布，即 v ~ U[0，1]，市场上潜在参与的家庭数量为1。需求函数为

$$D = \int 1 dv$$

假设3：家庭对价格的灵敏系数为1，对补贴的敏感度大于1，对其他的影

响因素敏感度均小于 1。当敏感系数 $> \dfrac{1}{2}$ 时，家庭对该指标为高度敏感，反之为低度敏感。

为保证行文清晰，本文的证明过程均放在附录。

四、模型构建与求解

（一）供方补贴

家庭的效用函数为

$$U = v - P + \alpha \sqrt{C} + \beta \sqrt{S_B} + \gamma S_F \tag{1}$$

家庭的需求函数为

$$D_b = 1 - P + \alpha \sqrt{C} + \beta \sqrt{S_B} \tag{2}$$

基地的价格决策问题为

$$\max \pi_b = (P - C + S_B)(1 - P + \alpha \sqrt{C} + \beta \sqrt{S_B}) \tag{3}$$

参照 Knuckles 等[33]的处理，政府的补贴收益为不低于目标参与量的家庭参与量，补贴成本为补贴总额，即 $U_g = D - S \times D = D(1 - S)$。因此，政府补贴绩效为

$$\max U_{gb} = (1 - P + \alpha \sqrt{C} + \beta \sqrt{S_B})(1 - S_B) \tag{4}$$

定理 1　供方补贴下的最优决策为

$$P_b{}^* = (1 + C + \alpha \sqrt{C} + \beta \sqrt{S_B} - S_B)/2 \tag{5}$$

$$D_b{}^* = (1 - C + \alpha \sqrt{C} + \beta \sqrt{S_B} + S_B)/2 \tag{6}$$

$$\pi_b^* = (1 - C + \alpha \sqrt{C} + \beta \sqrt{S_B} + S_B)^2/4 \tag{7}$$

$$U_{gb}{}^* = (1 - S_B)(1 - C + \alpha \sqrt{C} + \beta \sqrt{S_B} + S_B)/2 \tag{8}$$

命题 1　基地和政府总能依据消费者的敏感度与基地建设成本实现最优决策。

命题 1 表明：在供方补贴下，无论面对何种类型的游客和何种水平的建设成本，政府和基地都能做出最优决策，从而获得满意的收益。从成本最小化的角度看，降低基地运营和补贴策略制定的难度，这正回应了目前政府采取供方补贴的策略。此种补贴方式不仅有利于财政部确定补贴预算，同时也便于基地进行运营规划。

命题 2　对于基地而言，高收益往往伴随补贴增加，基地建设成本降低，对研学产品质量和获取知识高度敏感；对于政府而言，当建设成本高，家庭对研学产品质量和获取知识高度敏感时，政府需要降低对基地的补贴才能获得较大收益。

命题 2 表明：基地和补贴绩效间存在策略博弈关系，双方取得最优效益的条件相反，这也是学者不断研究补贴方式的原因。命题 2 解释了这一现象：在行业发展初期供方收益和市场发展会被优先考虑，往往是节能降耗与加大补贴并行；当行业逐渐步入成熟期，补贴政策力度将逐步降低。这也与众多学者的研究结果相吻合，即补贴策略会不利于行业长远发展[8]。

（二）双向补贴

家庭的需求函数为

$$D_t = 1 - P + \alpha \sqrt{C} + \beta \sqrt{S_B} + \gamma S_F \tag{9}$$

基地的价格决策问题为

$$\max \pi_t = (P - C + S_B + S_F)(1 - P + \alpha \sqrt{C} + \beta \sqrt{S_B} + \gamma S_F) \tag{10}$$

政府的补贴绩效为

$$\max U_{gt} = (1 - P + \alpha \sqrt{C} + \beta \sqrt{S_B} + \gamma S_F)(1 - S_B - S_F) \tag{11}$$

定理 2　双向补贴下的最优决策为

$$P_t^* = (1 + C + \alpha \sqrt{C} + \beta \sqrt{S_B} + \gamma S_F - S_B)/2 \tag{12}$$

$$D_t^* = (1 - C + \alpha \sqrt{C} + \beta \sqrt{S_B} + \gamma S_F + S_B)/2 \tag{13}$$

$$\pi_t^* = (1 - C + \alpha \sqrt{C} + \beta \sqrt{S_B} + \gamma S_F + S_B)^2 / 4 \qquad (14)$$

$$U_{gt}^* = (1 - C + \alpha \sqrt{C} + \beta \sqrt{S_B} + \gamma S_F + S_B)(1 - S_B - S_F)/2 \qquad (15)$$

定理 3 基地总能实现最优决策，然而当且仅当 $0 < \beta < 7\gamma - 2\gamma^2 - 4$ 且 $\dfrac{2}{3}$ $< \gamma < 1$ 时，补贴绩效才能达到最优。

定理 4 政府的最优决策为

$$S_B^* = \frac{\beta^2}{4(\gamma - 1)^2} \qquad (16)$$

$$S_F^* = \frac{1}{2} + \frac{C - \alpha \sqrt{C} - 1}{2\gamma} + \frac{(3\gamma - 1)\beta^2}{8\gamma(\gamma - 1)^2} \qquad (17)$$

$$\pi_t^* = \left[\frac{1 - C + \alpha \sqrt{C} + \gamma}{4} + \frac{(\gamma - 3)\beta^2}{16(\gamma - 1)^2} \right]^2 \qquad (18)$$

$$U_{gt}^* = \frac{1}{8\gamma} \left[1 - C + \alpha \sqrt{C} + \gamma + \frac{(\gamma - 3)\beta^2}{4(\gamma - 1)^2} \right] \left[1 - C + \alpha \sqrt{C} + \gamma + \frac{(5\gamma - 1)\beta^2}{4(\gamma - 1)^2} \right]$$

$$(19)$$

命题 3 补贴绩效最优策略与知识获取敏感度无关，供方补贴的大小与补贴敏感度负相关，与产品质量系数正相关，与建设成本无关；当且仅当家庭对补贴高度敏感（$\dfrac{1}{2} < \gamma$）时，增加需方补贴才能使政府获得最优决策。政府对需方补贴的大小与 β 正相关，与 γ、α 和 C 负相关。

命题 3 表明：双向补贴最优策略下，需方和供方补贴受不同因素影响，便于制定出对双方均有利的补贴策略，这与目前学术界广泛验证的双向补贴更有效的研究结果相同[26][28]。针对研学旅行行业，当游客对补贴越敏感但对产品质量不敏感时，应同时降低需方和供方补贴，这正解释了补贴策略影响行业稳定性的原因[8]。然而，相比供方补贴，双向补贴需要考虑更多因素，这再次解释了我国目前研学补贴方式的选择。

五、政府不同补贴方式比较分析

不同补贴方式的结果分析如表2所示。

命题4 基地在双向补贴下的收益更大，补贴绩效和供方绩效在供方补贴下的收益更大。

命题4表明：单从供方的收益考虑双向补贴是更优的选择，这也解释了为何目前学术界对主流补贴方式的选择偏向双向补贴，学者们的研究主要从市场角度出发，缺乏对政府补贴绩效的关注。但是，在补贴策略支持下已经发展成熟的行业，如新能源产业、绿色消费和碳消费等领域的学者已经将政府绩效纳入供应链整体效益。考虑到财政部每年补贴的资金预算有限，因此有必要将补贴绩效纳入补贴政策选择的指标中。我国研学旅行补贴方式的选择区别于其他行业也正是由于其目标市场具有政策导向性，必须考虑补贴绩效。

表2 不同补贴方式的结果分析

补贴方式	基地收益	补贴绩效
供方补贴	$\dfrac{(1-C+\alpha\sqrt{C}+\beta\sqrt{S_B}+S_B)^2}{4}$	$\dfrac{(1-C+\alpha\sqrt{C}+\beta\sqrt{S_B}+S_B)(1-S_B)}{2}$
	π_b^*	$(1-S_B)\sqrt{\pi_b^*}$
双向补贴	$\dfrac{(1-C+\alpha\sqrt{C}+\beta\sqrt{S_B}+S_B+\gamma S_F)^2}{4}$	$\dfrac{(1-C+\alpha\sqrt{C}+\beta\sqrt{S_B}+\gamma S_F+S_B)(1-S_B-S_F)}{2}$
	π_t^*	$\dfrac{2\sqrt{\pi_t^*}}{\gamma}\left[\sqrt{\pi_t^*}-\dfrac{(2\gamma+1)\beta^2}{8(\gamma-1)^2}\right]\Big/(1-S_B-S_F)\sqrt{\pi_t^*}$

六、算例分析

为验证模型的有效性和命题的正确性，此处研究采用 MATLAB 进行数值分析，并确定四组参数取值：第一组 $\alpha = 0.4$，$\beta = 0.4$，$C = 0.4$；第二组 $\alpha = 0.8$，$\beta = 0.8$，$C = 0.8$；第三组 $\alpha = 0.3$，$\beta = 0.3$，$\gamma = 0.8$，$C = 0.3$；第四组 $\alpha = 0.7$，$\beta = 0.7$，$\gamma = 0.4$，$C = 0.8$。

图 2 描绘了仅对基地进行补贴时，基地和政府的利润曲线，即第一组数据和第二组数据。基地的收益随着补贴的增加而增加，而补贴绩效曲线"凸"向原点，随着补贴的增加先增后减，供方和需方的补贴绩效曲线与基地的利润曲线相交于一点。验证了命题 1，即基地和补贴绩效总能找到最优策略。以 B 点为例，当政府对基地的补贴小于 0.3 时，补贴绩效高于基地利润，即 $\pi_b < U_{gb}$。反之，基地利润高于补贴绩效。

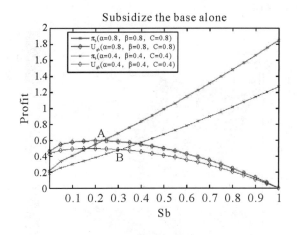

图 2　仅对基地进行补贴时的曲线图

当消费者开始重视研学旅行中知识的获取和研学产品的质量时，补贴绩效曲线与基地利润曲线的交点向"左上"移动，政府的补贴预算降低，研学成本的降低也有同样的效果，验证了命题 2。此外，游客对知识获取和研学产品质量敏感的增加，使供应链整体利润提高，这符合我国居民生活水平逐渐提高，对美好生活的需求增加，逐渐重视研学旅行的社会现实，也进一步解释了目前研学补贴方式的选择。

在图 3 中，（a）是在双向补贴下基地的利润曲面和政府的补贴绩效曲面，即第三组数据。基地的利润曲面向斜上方"上凹"，即随着 S_B 和 S_F 的增加，基地的绩效持续增加，增加的速度先慢后快。补贴绩效曲面"下凸"，即随着 S_B 和 S_F 的增加，补贴绩效均先增加后减少，点的含义为 π_t（S_B，S_F，π_t）或 U_{gt}（S_B，S_F，U_{gt}）。对比图 3（a）和图 2 中的截点 π_t（0，0，0.413）、U_{gt}（0，0，0.170 6）和 U_{gb}（0，0，0.4）、π_b（0，0，0.2），可以验证命题 4。当补贴预算上限较低时，应优先补贴基地，当补贴预算上限较高时，可以适当进行双向补贴。相较于双向补贴，单向补贴对补贴绩效和基地的利润影响更大，供方补贴则对整体供应链的效益影响更大。

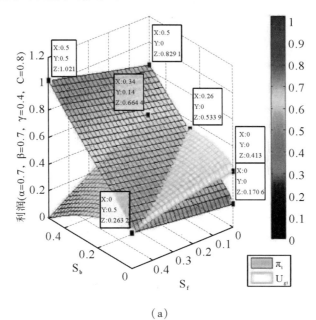

（a）

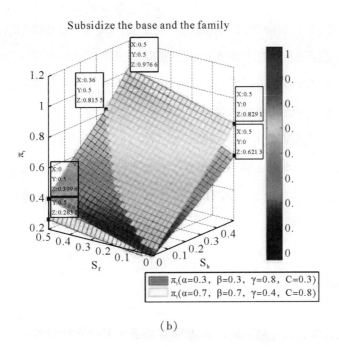

（b）

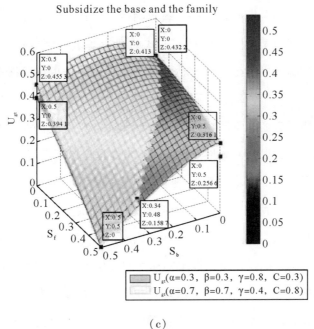

（c）

图 3　在双向补贴下的三维曲面

图 3（b）是在双向补贴下基地的利润曲面，即第三组和第四组数据。基地利润增加的速度随着消费者重视知识的获取和研学产品的质量逐渐提高。面对不同需求的客户群体和不同类型的研学基地采取不同的补贴策略，与学术界认同双向补贴更优的研究结果相对应。

图 3（c）是在双向补贴下补贴绩效的曲面，即第三组和第四组数据。随着产品质量敏感增加和补贴敏感的降低，应增加需方补贴，而供方补贴则应先减少再增加。在此基础上，比较截点 U_{gb}（0，0.5，0.316 1）和 U_{gb}（0，0.5，0.256 5）验证了命题 3。

七、结束语

本文在研学旅行补贴影响游客需求背景下，通过构建游客效用函数，求得需求函数，建立基地利润函数和补贴绩效函数，比较分析供方补贴与双向补贴两种补贴方式。研究表明：研学补贴方式的选择要结合研学领域的侧重角度。从供应链整体效益角度考虑，供方补贴更有效；从行业市场发展角度考虑，双向补贴更有效。

研学旅行重学轻游，强调核心素质教育和综合实践教育等，为健全研学补贴制度，帮助研学补贴更有效地发挥作用，本文提出以下建议：

①差异补贴策略。考虑"国防教育与红色教育""劳动教育""创客教育"三种研学领域的差异特征，对普通的研学基地采取供方补贴的方式；对亟须拓展市场，具有特殊教育意义的研学基地采取双向补贴的方式。同时，根据游客的偏好对不同领域的研学基地采取不同梯度的补贴系数，进行差异化补贴。

②引导游客建立正确的研学价值观。在研学实践过程中，加强家庭对研学知识获取和研学产品质量的认知和重视程度，从全域视角构建研学教育目标体系，缓解因游客个体对知识获取、产品质量等方面的敏感差异给补贴绩效带来

的大幅度波动，以降低供应链决策风险。

③追踪并落实资金用途。不仅要重视资金投入，还要加强资金使用的过程监管，确保资金投入产出符合预期。从研学基地差异化资源入手，因地制宜构建"研学+"与"+研学"实践教育体系模式。全方位服务保障研学实践教育体验场域[34]，融合推动研学产业可持续发展。

参考文献

［1］吴紫娟，程雯，谢翌.基于政策规约的研学旅行课程实施重建［J］.河北师范大学学报（教育科学版），2019，21（6）：115-120.

［2］关于核定2020年秋季中小学研学旅行基地及其收费标准的批复［EB/OL］. http://www. linxiang. gov. cn/247 33/24760/24821/24824/24827/content _1761249. html.

［3］国家旅游局.红色旅游发展十年回顾与展望［M］.北京：中国旅游出版社，2016：151-152.

［4］周士权，高翔莲.新时代大学生红色研学现状分析［J］.学校党建与思想教育，2022（4）：72-74.

［5］钟业喜，吴筱恬，熊小英，等.对研学旅行基础能力建设的探索［J］.地理教学，2019（10）：41-43，49.

［6］李臣之，纪海吉.研学旅行的实施困境与出路选择［J］.教育科学研究，2018（9）：56-61.

［7］梅新想，彭曦.市场需求、政府补贴与钢铁企业产能过剩［J］.商业研究，2019（3）：44-52.

［8］ MA J, HOU Y, YANG W, et al. A time-based pricing game in a competitive vehicle market regarding the intervention of carbon emission reduction ［J］. Energy Policy, 2020, 142.

［9］ KIM J, KIM S H. Spurious welfare reversals in international business cycle models ［J］. Journal of International Economics, 2003, 60 (2)：471-500.

［10］ AURAY S, EYQUEM A. Welfare reversals in a monetary union ［J］. American Economic Journal：Macroeconomics, 2014, 6 (4)：246-90.

［11］ CHANG Y M, RAZA M F. Import competition, product quality reversal, and welfare ［J］. Economics Letters, 2018, 163：162-166.

［12］钟志平, 刘天晴.研学旅行示范基地政策评价与需求方强相关性因素研究 ［J］.湖南社会科学, 2018 (6)：147-153.

［13］谌春玲.研学旅游市场的挑战与发展问题研究 ［J］.经济问题, 2020 (6)：88-93.

［14］林雁."双减"政策下教育出版的使命与担当 ［J］.编辑学刊, 2021 (6)：70-76.

［15］叶光宇, 韩广富.全国红色旅游政策发展的阶段性特征及嬗变 ［J］.社会科学家, 2020 (8)：70-75.

［16］ DUKE L J, UNTERWAGNER W L, BYRD D C. Establishment of a multi-state experiential pharmacy program consortium ［J］. American Journal of Pharmaceutical Education, 2008, 72 (3).

［17］ MIOTTO H C, GOULART E, AMARAL C F S, et al. Influence of financial subsidy and venue on advanced cardiac life support courses, in the learning of cardiovascular emergency ［J］. Arquivos Brasileiros de Cardiologia, 2008, 90：191-194.

［18］李子涵, 孙芙蓉, 邓纯考.新加坡中小学研学旅行：价值意蕴、实践

路径及保障体系 [J]. 外国教育研究, 2020, 47 (11): 60-72.

[19] NATALIE D. riediger PhD-Monica-Cyr-RD-MSc-and-Javier-Mignone-PhD. An evaluation of an experiential learning program in global and indigenous health: the university of manitoba's queen elizabeth ii diamond jubilee scholarship program [J]. Inquiry - The Journal of Health Care Organization Provision and Financing, 57.

[20] 谭光万, 臧良震, 周峰, 等. 中国农耕文化博物馆发展问题及对策研究 [J]. 世界农业, 2020 (7): 85-89, 100.

[21] 许迎霞, 朱江, 董晓鹏. 文旅融合背景下公共图书馆研学旅行服务思考: 以鞍山市图书馆研学基地活动为例 [J]. 图书馆工作与研究, 2021 (3): 102-106.

[22] 张瑞, 陈坤. 论大学生劳动教育与创业教育的融合发展 [J]. 学校党建与思想教育, 2022 (6): 79-80.

[23] 何晓雷. 基于免费开放的博物馆改革发展若干思考 [J]. 东南文化, 2020 (4): 139-144.

[24] ZHANG L, LONG R, HUANG Z, et al. Evolutionary game analysis on the implementation of subsidy policy for sustainable transportation development [J]. Journal of Cleaner Production, 2020, 267: 122-159.

[25] 刘雪飞, 张奇, 李彦, 等. 普惠金融支持光伏发电发展的空间效应研究 [J]. 中国管理科学, 2021, 29 (8): 24-34.

[26] 赵骅, 郑吉川. 不同新能源汽车补贴政策对市场稳定性的影响 [J]. 中国管理科学, 2019, 27 (9): 47-55.

[27] 夏西强, 朱庆华. 政府不同补贴策略对单/双渠道回收影响研究 [J]. 中国管理科学, 2021, 29 (11): 88-98.

[28] 冯华, 邱雨如, 黄宇, 等. 养老服务补贴研究: 补需方比补供方更好

吗？［J］.中国管理科学：1-18.

［29］朱江华，张旭梅，但斌，等.不确定需求下考虑资金约束的生鲜农产品政府补贴策略［J］.中国管理科学：1-12.

［30］ADEM, ÖRSDEMIR, EDA, et al. Competitive quality choice and remanufacturing［J］. Production & Operations Management, 2014.

［31］CHOUDHARY V, GHOSE A, MUKHOPADHYAY T, et al. Personalized pricing and quality differentiation［J］. Management Science, 2005, 51.

［32］CHIANG W Y K, HESS C J D . Direct marketing, indirect profits: a strategic analysis of dual-channel supply-chain design［J］. Management Science, 2003, 49（1）: 1-20.

［33］KNUCKLES J, SODHI M M S, TANG C S, et al. Optimal grants and subsidies for development supply chains: case of solar lanterns in Haiti［J］. Available at SSRN 3060590, 2017.

［34］李先跃，张丽萍.全域研学的理论基础、发展理念与实践研究［J］.经济地理，2022，42（8）：232-239.

附录

定理1　证明：由于 $\partial^2 \pi_B / \partial P^2 < 0$，因此 π_B 是 P 的凸函数，$\frac{\partial \pi_B}{\partial P}|_{P=P_b^*} = 0$ 处取得极大值，反解出最优价格，即（5）。将（5）代入（2）（3）和（4）可以求出（6）（7）和（8）。证毕。定理2证明同理。

命题1　证明：$\partial^2 U_{gb} / \partial S_B^2 < 0$，因此 U_{gb} 是 S_B 的凸函数，$\exists \xi \in (0, 1)$ 满足 $\frac{\partial U_{gb}}{\partial S_B}|_{S_B=\xi} = 0$，取得极大值。由 $\frac{\partial U_{gb}}{\partial S_B} = [2C - 3\beta\sqrt{S_B} - 4S_B + \beta S_B^{-\frac{1}{2}} - 2\alpha \sqrt{C S_B}]/4$，设 $\sqrt{S_B} = t$，$g(t) = 2C - (3\beta + 2\alpha\sqrt{C})t - 4t^2 + \beta t^{-1}$，$t \in (0, 1)$，

$g'(t) = -3\beta - 2\alpha\sqrt{C} - 8t - \beta t^{-2} \leq 0$，$g(t)$ 为单调不增函数，且 $\lim\limits_{t \to 0} g(t) = +\infty$，$g(1) = 2(C - \beta - 2) < 0$，根据零点定理，即在区间 (x_1, x_2)，$f(x_1) \times f(x_2) \leq 0$，$\exists \varepsilon \in (x_1, x_2)$ 满足 $f(\varepsilon) = 0$，如果 $\exists \xi_1 \in (0, 1)$，满足 $g(\xi_1) = 0$，一定有 $g(1)g(0) \leq 0$，即 $g(1) \leq 0$。因此，$U_{gb}(S_B)$ 在区间 $(0, \xi_1)$ 单调递增，在区间 $(\xi_1, 1)$ 单调递减。在 $S_B = \xi_1$ 处取得极大值。证毕。

命题 2　证明：根据 $\dfrac{\partial U_{gb}}{\partial S_B} = [2C - 3\beta\sqrt{S_B} - 4S_B + \beta S_B^{-\frac{1}{2}} - 2\alpha\sqrt{CS_B}]/4 = 0$。当 $C = 0$ 时，$\dfrac{\partial U_{gb}}{\partial S_B} = \dfrac{\sqrt{S_B}(\beta S_B - 3\beta - 4\sqrt{S_B})}{4} = 0$，$\sqrt{S_B} = \dfrac{2 - \sqrt{4 - 3\beta^2}}{\beta}$ 或 $\sqrt{S_B} = \dfrac{2 + \sqrt{4 - 3\beta^2}}{\beta}$（舍去），$\sqrt{S_B}$ 随 β 的增加而减少；当 $\alpha = 0$ 且 $\beta = 0$ 时，$S_B = \dfrac{C}{2}$；当 $\beta = 0$ 时，$\dfrac{\partial U_{gb}}{\partial S_B} = [2C - 4S_B - 2\alpha\sqrt{CS_B}]/4$，$\sqrt{S_B} = \dfrac{(\sqrt{\alpha^2 + 8} - \alpha)\sqrt{C}}{4}$ 或 $\sqrt{S_B} = \dfrac{(-\sqrt{\alpha^2 + 8} - \alpha)\sqrt{C}}{4}$（舍去），$\sqrt{S_B}$ 随 α 的增加而减少，证毕。

定理 3　证明：根据（15），政府的最优决策同时与 S_F 和 S_B 有关。构建 U_{gt} 关于 S_B 和 S_F 的 Hesse 矩阵 $H_t(S_B, S_F)$，且 $\partial^2 U_{gt}/\partial S_B^2 < 0$，要实现最优必须实现 $|H_t(S_B, S_F)| > 0$，解得 $0 < \beta < 7\gamma - 2\gamma^2 - 4$ 和 $\dfrac{2}{3} < \gamma < 1$。此外，$7\gamma - 2\gamma^2 - 4 > 0$，解得 $\dfrac{7 - \sqrt{17}}{4} < \gamma < 1$，联立。证毕。

定理 4　证明：联立 $\begin{cases} \partial U_{gt}/\partial S_B = 0 \\ \partial U_{gt}/\partial S_F = 0 \end{cases}$，求得（16）（17），将（16）代入（14）（15）即可求得（18）和 $U_{gt} = \left(1 - C + \alpha\sqrt{C} + \gamma + \dfrac{(8\gamma - 1)\beta^2}{4(2\gamma - 1)^2}\right)$

$\left(1 - C + \alpha \sqrt{C} + \gamma - \dfrac{3\beta^2}{4(2\gamma - 1)^2} \right) / 8\gamma$ ，即可求出（19）。证毕。

命题 3 证明：根据 $D_t^* > 0$ 可以求得 $\dfrac{1}{2} < \gamma < 1$。证毕。

命题 4 证明：由 $(1 - S_B)\sqrt{\pi_b^*}$ 变为 $(1 - S_B - S_F)\sqrt{\pi_t^*}$ ，虽然 π_t^* 比 π_b^* 大，但是 $0 \le S_F \le 1$ 且 $0 \le \gamma < 1$，增加的幅度为 γS_F ，降低的幅度为 S_F。证毕。

产业融合视域下体育研学旅行发展与路径研究

——以内江市川南大草原为例

贾维强

摘　要

体育研学旅行是中小学体育教育发展的重要途径，是一种全新的素质教育模式，是提高学生的综合素质的重要形式。内江市川南大草原作为"四川省体育旅游示范基地"，拥有区位、资源、设施、服务四方面优势，为产业融合视域下内江市川南大草原体育研学旅行发展与路径研究提供了基础条件。本文运用了文献资料法、逻辑分析法、田野调查法等研究方法，认为体育研学旅行要充分利用区域体育资源优势，丰富研学旅行课程。本文进一步优化了体育研学旅行的发展路径，具体包括：第一，加强政府顶层设计，统筹社会组织资源。第二，夯实研学基础建设，发挥地方资源优势。第三，加强人才队伍建设，提高研学服务质量。第四，深化体教融合，落实"以体育人"根本。

关键词

产业融合；体育产业；研学旅行；路径研究

基金项目：四川研学旅行发展研究中心资助项目——"产业融合视域下体育研学旅行发展与路径研究——以内江市川南大草原为例"（项目编号：YX22-31）。

作者简介：贾维强，男，硕士研究生，内江职业技术学院讲师，主要研究领域为体育人文社会学。

产业融合是随着世界信息技术的飞速发展和信息产业的快速发展而产生的一种新的经济形态，它是行业之间相互渗透、交叉、融合甚至出现新业态的动态过程[1]。随着社会的发展和人们对美好生活的需要，体育和旅游两大产业互相融合成为产业升级的新业态，体育研学旅行也成为提升学生素质教育的重要载体。体育研学旅行以拓展学生身体素质为主要目标，以提升学生实践素养、丰富体育知识、强化体育练习、培育体育精神为价值导向，不断满足学生各层面、不同方向的教育需要。有学者认为，研学旅行不仅能纾解应试教育的局限性，还能发挥其文化内涵溢出效应及各种辐射效应[2]。

我国于 2013 年提出"全面推广中小学生研学旅行"的构想后，出台了一系列政策和文件，加速了中小学生研学旅行的步伐[3]。与此同时，教育部、国家发展改革委等 11 部门在 2016 年发布了《关于推进中小学生研学旅行的意见》，其中将研学旅行列入中小学教育教学计划。伴随着"双减"政策的逐步落地，研学旅行在中小学课程体系中显得尤为重要。体育研学旅行突破了以往"校园课堂"的教学模式，极大地拓展了学生的素质教育空间，使学生在实践中不断拓宽视野，从而实现全面发展。为此，各地区充分挖掘地方资源优势，立足转型产业与教育并行。内江市川南大草原在 2021 年正式入选"四川省体育旅游示范基地"培育名单，其拥有丰富的体育旅行资源和研学内容，为地方体育研学旅行的顺利实施提供了坚实的保障。本文以内江市川南大草原为典型案例，梳理了体育研学旅行发展现状，分析其发展优势，并提出实践路径。

一、产业融合视域下体育研学旅行文献综述

（一）研学旅行需求方面

研学旅行的形式和内容可以满足学生素质全面发展的需求。有学者指出，中小学生对参与研学旅行有强烈愿望，但是受到家庭教育水平参差不齐、过于追求升学率、国家对学生的素质要求、财政能力等因素的影响，中小学生研学旅行需求存在较大的差异[4]。尽管受到各种因素的影响，但学校和政府可以采取一系列措施，鼓励和支持中小学生参与研学旅行，例如提供补助、优化研学旅行方案、开展相关培训等，以满足中小学生的多元需求，促进其全面发展。大部分学者认为研学旅行可以让中小学生走出教室，通过旅行来开阔视野、增长知识、提升能力，从而提升整体素质[5]。总之，无论是从学生、家长还是教育行政部门和学校的角度来看，研学旅行都已经成为学生自主学习、培养学习兴趣的重要途径。

（二）研学旅行资源方面

研学旅行是利用地方景点、文化遗址或博物馆等资源优势开展研学活动，或将其转型为研学基地，令该旅行资源成为供学生学习、认知、实践的硬件要素。研学旅行资源是研学旅行可持续发展的重要因素[6]。因此，探索和挖掘更多的研学旅行资源是非常重要的。这不仅有助于学生获取知识和提升能力，还有助于地方文化的传承和发展。同时，政府和学校也应该采取有效措施，鼓励和支持开发研学旅行资源，促进其可持续发展。以往对研学旅行资源的探讨较

多集中于红色文化等方面[7]。随着国家对国民健康的重视，"体育强国、健康中国"成为我国建设和发展的目标之一。由此，体育旅游资源也成为学者研究研学旅行的重要视角。

（三）体育研学旅行方面

当前在体育研学领域的研究相对较少，主要集中在对其定义和产业融合方面的探讨。有研究者将体育旅游定义为以体育为核心的旅游活动，或者在旅行过程中参与与运动相关的活动，这种旅游形式同时具备运动产业和旅游的双重特性。[8]关于体育研学旅行的类型，一些研究认为其种类繁多，例如体育活动、体育赛事、体育博物馆、体育科技馆、体育景点等观光型项目，以及攀岩、户外游戏等拓展型项目[9]。在体育产业与旅游的融合方面，一些研究人员对体育旅游产业融合度进行了探讨。从文化价值的角度来看，一些研究阐述了体育旅游产业的市场状况，并指出只有充分挖掘旅行的文化价值，才能从根本上发展体育旅游产业[10]。此外，有研究以某省份的旅游和体育产业融合为研究起点，探索了区域性体育旅游产业融合的新模式[11]，以助推地方经济产业的发展。

总体来看，研学旅行是中小学教育中不可或缺的内容，关系着学生成长阅历的丰富和社会实践能力的提高，同时研学旅行在相当长的时间里仍面临着较大需求[12]。比如，在"双减"政策的背景下，随着冰雪旅游、马拉松赛事、体育文化节等体育活动和赛事的开展，体育研学旅行的需求也日益增多。《全民健身计划（2021—2025 年）》《体育强国建设纲要》等一系列政策的出台也为开展体育研学旅行提供了机遇。

二、川南大草原体育研学旅行研究优势分析

（一）体育研学旅行区位优势

川南大草原是内江市永安镇尚腾新村的一处国家 4A 级景区，面积 133 公

顷，是一处以草原、花海、运动、休闲养生为特色的原生态现代农庄。其距离内江市 13 公里、自贡市 18 公里、成都市 178 公里、重庆市 181 公里，也处于成渝地区双城经济圈的中轴地段。内江素有"成渝之心"的美誉，突出的区位优势为在该地进行体育研学旅行研究提供了空间场所，中小学生可以利用周末、寒暑假等时间来到川南大草原，开展研学活动。当地体育研学旅行项目的设计充分结合了景区独特的自然环境，使学生在参与活动时，可以充分培养独特的精神气质、自主学习和探索的能力，能更好地培养学生的体育素养，领略景区的自然风光。

（二）体育研学旅行资源优势

川南大草原坐落在四川省东南部，依托两岭夹一谷的地貌，建设有草原湿地、草原花海、草原休闲、草原露营、草原运动等多层次的山水空间，项目整体定位以运动休闲为主，兼观光度假、餐饮住宿、文化体验、养生养老为一体，是一个多元化、高品质的生态旅游综合体[13]。近年来，随着产业融合的迅速发展，旅游产业也在寻求转型升级，川南大草原作为多元化、高品质的生态旅游综合体，开拓体育研学旅行不仅增加了该地研学旅行的项目，其丰富的资源也为体育研学旅行奠定了资源基础，并成为拓展旅游发展空间的重要举措。

（三）体育研学旅行设施优势

川南大草原以休闲运动为主，是集特色自然资源、特色体育项目、特色体育赛事、特色产业基础于一体的高质量体育研学基地。川南大草原有效地将乡村旅游发展与运动产业结合起来，为当地的经济发展提供了新的动力。该地以体育运动为核心，打造了"一区（黄鹤湖生态风景区）、一原（川南草原）、三个特色（马术俱乐部、草原运动场、自驾营地）、两条（自行车游道、健身步行道）、三个项目（国家级马术比赛、国家级垂钓赛事、草原休闲运动赛事）、四个基地（拓展训练基地、户外健身基地、儿童乐园基地、垂钓基地）"，成为满足人民群众多层次、多样化健身运动和旅游休闲需求的体育旅游示范基地。目前，该风景区的主要体育研学旅行项目包括：马术场地、马术跑道、草地滑草、水上漂流、空中拓展漫步、水上自行车、自驾露营地、自行车骑游道、健身步行道、无动力设备、网球场等。景区优势为体育研学旅行提供了研学地点，也为区域体育研学旅行项目设置提供了良好的基础。

（四）体育研学旅行服务优势

川南大草原是不仅是国家4A级旅游景区，同时还是四川省大学生的学习教育基地、川南地区规模最大的综合性研学基地。川南大草原获得"全国体育休闲特色小镇"的称号；被四川省人民政府授予"金熊猫奖"。目前，该项目公司拥有150名专任教师和专职教师，269名研学实践及营地教育执行教师，100余名运营管理人员。该项目公司以"教育为本"为宗旨，力图打造"研学营"企业，成立了规划设计中心、运营管理中心、教育研究中心。该项目公司充分利用旅游基地的优势，为开展体育研学旅行提供了资金、技术、师资等方面的支持，为开展研学旅行提供了坚实的保障。

三、产业融合视域下体育研学旅行发展路径

（一）加强政府顶层设计，统筹社会组织资源

从国家各项政策文件来看，研学旅行已经是大势所趋，体育研学旅行作为一种教育活动，虽然得到了教育部门及相关部门的大力支持[14]，但是体育研学旅行仍然不受到重视，容易被边缘化。为保证中小学生在开展体育研学旅行时得到经费、人员、住宿、饮食、体育基地、医疗等方面更好的支持，就必须贯彻落实有关部门的政策、计划。例如，财政部门可对学校组织体育研学旅行提供补助，使中小学在进行体育研学旅行时，能得到更多的资金支持；为保证其长期生存、运作和发展，交通部门应提供相应的运输服务，以满足中小学生的

体育研学旅行需求；安全保障部门应贯彻执行安全出行、紧急救援、保险等有关法规，以推动研学基地安全管理的优质化、规范化、流程化；食品安全监管机构应对学生活动进行严格的食宿监管。体育研学旅行涉及的行业较多、辐射范围较广，因此体育研学旅行应该受到足够的关注和支持。同时，开展体育研学活动也需要各方面的配合。一是在体育研学旅行基地建设或景点开发上，需要政府和社会体育组织共同参与和协调。二是在体育研学旅行项目的设定上，需要学校和体育组织共同商议，并进行项目设计。三是在体育研学旅行的宣传上，需要地方体育教育部门配合宣传部门采访报道，引导和推进工作的发展。

（二）夯实研学基础建设，发挥地方资源优势

体育研学旅行实践基地是开展体育研学旅行的重要基础，是使其充分发挥体育教育作用的前提。虽然现有条件已经在不断完善，但仍存在体育资源未得到充分利用、体育研学课程设计不完善、体育研学安全责任机制不健全等问题。为了让更多的中小学生熟知和参与体育研学旅行，研学基地的维护、宣传和传承工作仍任重道远。要结合当地的实际情况，进行综合规划，开发具有行业特征和区域特征的运动学习旅游产品和项目，加大对体育旅游的公共服务投入，形成区域特色品牌[15]。一是可以整合本地优秀的企事业单位、研学基地、体育部门的资源，通力合作，一起研发适合中小学生开展研究性学习和实践的活动项目，通过资源整合实现研学基地有效的升级改造。二是结合当地的本土文化特点，建成项目设计、建设、运营管理一体化的体育研学基地，既可以实现区域资源的全国共享，又可以宣传当地的文化特色和旅游资源，同时能对教育、体育、旅游等业态的发展起到良好的循环发展作用。比如，将当地的非遗（传统体育、游艺与杂技）——客家张氏武术或蜀山无极逍遥易筋经导引法，这类武术项目引入体育研学旅行中，使学生了解到武术不仅可以强身健体、维护自身安全，还是中华民族传统文化中的瑰宝，让中小学生在武术中感受民族的强大，传承中华优秀传统文化，增强文化自信，达到育人和传承文化的目的。

（三）加强人才队伍建设，提高研学服务质量

体育研学旅行的长期稳健发展，离不开人才培养体系的构建。要落实体育研学旅行的项目，学校和研学旅行机构中教育者的专业水平是影响体育研学旅行的重要因素，教育者能否开展好体育研学内容，很大程度上会影响学生的学习效果。学校是研学旅行的组织者，在人员配备上，主要由校领导安排、监督研学之旅的顺利进行，领队老师带领学员参与研学之旅的所有活动。体育研学需要配置具有相关专业知识的体育教师作为领队，需要一个项目组长，负责统筹、协调研学旅游的工作。每一支体育研学团队都至少要有一位体育研学导师，负责规划教学工作，指导学生进行相关的体育实践活动；同时每一支研学团队必须配备至少一位安全人员，对学生进行安全防范与教育。在加强体育研学旅行行业人才体系构建方面，一是参加体育研学旅游的学校教师要加强对研学旅行的认识，理解体育研学内涵，将其教育目标放在首位。二是要加强研学基地人员对体育旅游相关知识的学习，以增强其服务意识和服务水平。三是要鼓励旅游业人员投身到体育旅游中，充分将自身在信息传播、传授学识等方面的优势运用到实际工作中。四是开展体育研学教师专业培训，将体育研学课程评价纳入其职称评审、目标考核等。

（四）深化体教融合，落实"以体育人"根本

体育研学旅行是学校体育实现"以体育人"目标的新形式和重要手段。2020年，中共中央办公厅、国务院办公厅联合出台了《关于全面加强和改进新时代学校体育工作的意见》，指出学校体育是实现立德树人根本任务、提升学生综合素质的基础性工程，是加快推进教育现代化、建设教育强国和体育强国的重要工作[16]。体育研学旅行应充分发挥全面育人功能，在培养学生对于体育的兴趣、提升学生体质的同时，完善学生人格，传承和弘扬体育精神。应充分挖掘体育研学旅行的育人优势，发挥其育人合力，构建其育人质量提升机制，为

实现"以体育人"的新的体育教学模式奠定坚实的基础。其具体做法有三点：一是坚持学校体育在"以体育人"中的主导地位。以立德树人为根本任务，针对不同时期学生的身体特点和心理特点，将知识和技能、情感态度和价值观进行系统化的综合考虑，制定合理的体育研学旅行路线。二是发挥家庭在体育中的作用。家庭对于学生树立体育意识有重要的引导作用，培养学生对体育的兴趣有助于体育研学旅行的顺利实施[17]。三是确保学生在研学活动中的主体地位。在研学过程中举办体育比赛，培养学生的规则意识、拼搏意识和协作能力。

四、结束语

体育研学旅行在我国仍处于起步阶段，随着政策的进一步扶持以及学生素质教育的需要，将会越来越受到社会的关注与重视。体育研学旅行从本质上看是体育教育社会化的教育范式，能够有效促进学生综合素养的全面提升，同时也是体育产业和旅游产业融合、转型升级、高质量发展的重要方式。在产业融合背景下通过对地方体育旅游景点的挖掘和利用，将体育产业和旅游产业融合发展，以实现中小学生身心健康发展的目标，不断在研学旅游中丰富体育知识和体育素养，培养探索能力和创新能力。值得注意的是，体育研学旅行的高质量发展不仅需要政府、社会、学校、家庭的支持，学生个体也应该加强对体育的认识和理解，学习体育文化，传承体育精神，尤其是对中华传统体育文化的保护与传承。

参考文献

［1］马健. 产业融合理论研究评述［J］. 经济学动态，2002（5）：78-81.

［2］高翔. 让"阳光"撒满校园：对河南省学校体育工作的回顾与思考［J］. 河南教育（基教版），2022（4）：9-11.

［3］郭锋涛，段玉山，周维国，等. 研学旅行课程标准（二）：课程结构、课程内容［J］. 地理教学，2019（6）：4-7.

［4］李军. 近五年来国内研学旅行研究述评［J］. 北京教育学院学报，2017，31（6）：13-19.

［5］丁运超. 研学旅行：一门新的综合实践活动课程［J］. 中国德育，2014（9）：12-14.

［6］段玉山，袁书琪，郭锋涛，等. 研学旅行课程标准（一）：前言、课程性质与定位、课程基本理念、课程目标［J］. 地理教学，2019（5）：4-7.

［7］于书娟，王媛，毋慧君. 我国研学旅行问题的成因及对策［J］. 教学与管理，2017（19）：11-13.

［8］刘涛，崔性赫. 体育研学旅行存在的问题及对策研究［J］. 中国管理信息化，2022，25（14）：196-198.

［9］丁颖. 体育研学旅行：优势、困境及发展策略研究［J］. 武术研究，2020，5（5）：154-156.

［10］邢莹. 体育研学旅行对学生良好行为习惯的培养［J］. 体育科技文献通报，2021，29（5）：16-17.

［11］体旅融合官方指导意见将出台 突出抓好户外运动旅游［EB/OL］. http://outdoor.sport.

　　[12] 杨成. 我国青少年营地教育的发展策略研究 [J]. 广东青年职业学院学报，2018，32 (3)：36-40.

　　[13] 张小梅，钟海燕. 营收增速呈低开高走 效益增长贡献稳定 [N]. 中国信息报，2019-02-18.

　　[14] 杜治华."体育+"视域下我国体育研学旅行的运作机制探讨 [J]. 广州体育学院学报，2019，39 (4)：53-56.

　　[15] 王艳伟. 海口市体育旅游产业发展探究 [J]. 旅游与摄影，2021 (18)：45-46.

　　[16] 孟鹏婷. 多地试点新中考，"新"在哪里？ [J]. 记者观察，2021 (13)：76-79.

　　[17] 李强. 乡土体育资源在农村中小学体育教学中的应用 [J]. 天津教育，2021 (27)：8-10.

地理实践力提升路径与策略
——以海螺沟冰川森林研学旅行为例

杜建奎　程贤骏　何宇　王晓晨

摘　要..

地理学习的核心在于地理实践力的培养，随着地理课程改革，新课标中着重强调了地理核心素养的培养。由此，在研学旅行概念与地理核心素养相关内涵不断发展的大背景下，对研学资源开发的案例研究逐渐受到重视。本文以海螺沟冰川森林研学旅行为例，旨在分析地理研学旅行的设计规划，并通过调查了解研学旅行的实践效果，对实践过程中学生的地理实践力提升情况进行分析，并对研学旅行的内容设计进行评价和优化，为后续地理研学活动的开展提供参考，从而加强学生在野外实践活动中地理核心素养的培养。

关键词..

地理实践力；海螺沟；研学旅行；地理核心素养

基金项目：四川研学旅行发展研究中心项目——"海螺沟冰川森林公园研学旅行产品开发及课程设计研究"（项目编号：YX22-45）。

作者简介：杜建奎，男，理学学士，绵阳东辰学校，中学高级教师，主要从事中学地理教育研究；程贤骏，男，理学学士，绵阳东辰学校，中学一级教师，主要从事中学地理教育研究；何宇，女，理学硕士，绵阳东辰学校，中学二级教师，主要从事中学地理教育研究；王晓晨，女，理学学士，绵阳东辰学校，中学二级教师，主要从事中学地理教育研究。

一、研究目标与内容

（一）研究目标

1. 形成地理实践力素养水平的实操策略

《普通高中地理课程标准（2017年版）》中明确提出了地理学科核心素养的概念。《现代汉语词典》对"素养"进行释义，指经过训练与练习后所习得的技能或者能力，由此可见，地理核心素养是地理学习中最为重要的能力之一，它的确立是在练习中形成的。让学生掌握这些能力，需要将核心素养运用到课程设计之中，列举出各种能力目标，并通过课程设计教学活动[1]。在新的教育改革的大环境下，地理核心素养变得更加重要，它不仅是一种基本的价值观，还是培养学生的综合思考能力、地理实践能力、区域认知能力以及人地协调观的基础。其中的地理实践能力，也就是地理实践力，是指学生在研究、实践和思考等实际生活过程中，所体现出来的自由意志品质以及动手能力，它也涵盖了学生在对地理信息资料的收集以及处理等方面的基本技能。地理实践力帮助学生从真实情境出发感知地理环境，从社会实践出发提高综合能力与品质，通过野外实践活动将理论知识和实践经验密切联系起来，做到多渠道帮助学生掌握知识。借助野外实践活动，结合探究的具体地理问题，学生可以在收集材料、发现问题、分析讨论以及评价反思等环节对地理知识体系进行不断完善，从而达到对课本知识进行延伸和迁移的目的。另外，参加地理野外实践活动还可以提高学生的地理学习兴趣，调动学生学习地理知识的热情[2]。本文主要论述了通过地理实践活动，比如海螺沟冰川森林研学旅行，培养学生的地理实践力。

2. 形成"一校一品"的特色课程资源

通过设计地理研学旅行项目来确立精品课程内容，以海螺沟冰川森林公园研学旅行开发为例探索研学旅行的开发和发展，继而提高地理野外实践课程质量，可以更好地掌握地理学科核心素养培育路径，塑造多元化课程内核。地理野外实践的目标设置应注重地理核心素养——地理实践力的培养，充分展示可研究性与拓展性。就研学旅行的目标设计而言，需兼顾研学旅行对学生地理实践力培养这一根本宗旨，同时兼顾学生个性化需求[3]。基于研学主题，把学生研学的兴趣和激情充分调动起来，力求实现一次研学旅行就能深入挖掘不同学生多元的成长方向，推动形成校级精品化特色课程资源与多元化课程内容设计。促进学生地理核心素养的整体提高，这需要兼顾多个维度的能力培养：①看。除了观摩研修课程中必不可少的景点之外，还鼓励学生在活动中欣赏和观摩诸如花草、古遗址解说牌等自然和人文景观，并利用手机、相机进行拍照和记录，以此来培养学生的人文情怀，提高他们的审美情趣。②问。在整个研学旅行的过程中，要求学生自主发现和探究问题，并运用地理规律来解决问题，鼓励学生敢于研究和发现问题。③做。尽可能地让学生去实操，比如，使用地质罗盘仪来辨别方位，使用手机 GPS 来确定研学路线的位置；收集当地代表性植物的落叶带回去制作样品；将土壤作为研究对象，进行小型的样品采集，以不同的岩石作为研究样本进行实验；还可以对园区内水体的酸碱度进行检测等，通过实操发展学生的行动力。④写。除了撰写必需的研学小册子之外，还可以鼓励学生在研学之余，为海螺沟冰川森林公园撰写一份旅游指南，或与语文课程相结合，撰写一篇有关风景优美的文章来表达自己的观后感，以此来培养同学们的人文精神。⑤绘。在活动完成之后，除了可以绘制研修课程要求的简图之外，还可以制作与此相关的板报、插画、手账等，以此来提高学生的创造力和欣赏水平。

（二）研究内容

1. 学生地理实践力的现状调查（问卷调查）

所谓地理实践力，就是指学生在调查、实验、研究等地理实践活动过程中所表现出的意志与行动能力，其中就包含了学生对地理信息进行采集与加工、设计地理实践活动方案、开展地理实践活动，以及运用地理知识处理地理实际问题的能力。地理实践力这一素养帮助学生从真实的情景中感受地理环境，从社会实践的角度提高综合能力与品质[4]。

为了解学生的地理实践力现状，2022年6月作者对东辰学校高2022级学生开展了问卷调查，本次问卷调查共回收有效答卷111份。有效问卷的结果数据显示，62%的学生认为自己比较能运用所学知识和地理工具，解释身边的地理现象及成因；63%的学生认为自己比较能运用所学知识和地理工具，帮自己在生活中解决实际问题；在户外实践活动中，68%的同学对地理工具（罗盘、地图、GPS、地质锤等）的使用不太熟练，需要老师的指导；在参与地理实践活动时，47%的学生认为自己基本上能主动发现并积极解决问题，29%的学生认为难度较大，自己偶尔能够发现并解决问题。综合以上对学生地理实践力的调查结果，可以发现学生对地理核心素养中的地理实践力还不太理解，并且大部分学生的地理实践力较为薄弱。近几年高考试卷对地理核心素养的考查也越来越重视，特别是对地理实践力的考查更加明显。而不少考生在地理实践力方面特别薄弱，归根结底在于其只是单纯依靠教材掌握地理知识，依赖教辅资料、做题来掌握知识点，脱离了地理实践，以至于碰到解决实际问题的试题就不知所措。要培养地理实践力，就必须鼓励学生走出课堂、走出校园，开展野外地理实践活动。

对地理实践活动的开展和地理知识的学习，34%的学生对地理实践活动比较了解，38%的学生对地理实践活动了解一点，这说明大部分的学生对地理实践的意义和内涵不甚了解。对地理实践活动的兴趣，52%的学生表示非常感兴趣，而仅有2%的学生表示不感兴趣，这说明地理实践活动的开展是能吸引大部分学生的兴趣。对地理实践活动感兴趣的同学中，对其吸引力最大的三个方面分别是增长见识、丰富有趣的活动内容和放松身心。其中51%的学生表示对自然地理（地质地貌、水文、土壤、生态）方面的地理实践活动感兴趣，29%的学生表示对人文地理（人口、城市、交通、工农业、科技资源）方面的地理实践活动感兴趣，而剩下的20%的学生表示对区域地理（某一区域自然和人文地理特征的综合）的地理实践活动感兴趣。调查显示92%的学生喜欢通过地理实践活动获取地理知识，分别有56%的学生认为通过同学交流谈论、自主查找资料学习地理知识效果好，52%的学生认为传统的老师讲授加课后练习适合自己。

综合以上的研究发现，在整个地理实践活动中学生们都表现出了较高的兴趣和参与意愿，并且认为可以通过地理实践活动更好地获取地理知识。大多数学生有很强烈的动手操作和实践的动机，希望通过交流沟通或者自主学习的方式获取知识，这与开展地理实践活动的意义相吻合，由此开展地理实践活动可以提高学生的地理学习兴趣与地理实践力，从而加深地理知识与生活实际的联系。此外，在地理实践活动的安排上也要尽量实现多样化，使其能够将自然地理与人文地理相融合，从而与新高考的命题形式相适应；野外实习是将理论与实际相结合的一种有效途径，能使学生在不同的领域获得新的知识。通过实践活动，结合特定的地理问题探究，学生在收集资料、发现问题、分析讨论以及评估反思的过程中，进一步完善了自己的地理知识体系，实现了对课本知识的延伸和转化。在此基础上，本文提出了一种理论与实验相结合的研究方法。

　　根据现阶段的地理实践活动开展情况调查结果，40%的学生在高中阶段没有参加过地理实践活动，44%的学生仅参加过1~2次地理实践活动；91%的学生家长非常支持学校开展地理实践活动；70%的学生认为难以开展地理实践活动的原因是课余时间紧张并且客观条件不允许，其次是由于学校并未组织此类活动，没有参加途径且自身不了解地理实践活动。在参加过地理实践活动的学生中，超过80%的学生认为自身的实践操作能力和动手能力得到了提升，并且对地理知识的理解也加深了，超过70%的学生认为活动增强了同学间的协作意识，提升了对地理的学习兴趣，并且提升了分析问题和解决问题的能力。结合调查结果及学情分析发现，不仅学生对地理实践活动的兴趣较大，学生家长对地理实践活动的支持度也较高，在保障安全的前提下，大部分的家长都愿意支持学校开展地理实践活动。但由于高考压力和不同学校的客观条件差距，地理实践活动的开展在高中阶段还较为少见。多数参加过地理实践活动的学生对于活动给出了好评，认为自身多方面的能力得到了提升，由此可知，野外实践活动是培养地理实践力的重要环节，是实施素质教育的重要途径。

　　2. 本校学生地理实践力素养提升路径与策略

　　（1）学生地理实践力素养提升路径

　　学生地理实践力素养的提升离不开地理野外实践的开展[5]，其路径主要为学校开设的地理课外实践课程。本文以海螺沟冰川森林研学旅行为例，学生积极主动参与其中。一方面，学生在教师的指导下，运用所学的地理知识，将理论学习与实际生活紧密结合起来；另一方面，作为研学的活动主体，学生能直接体验并进行操作，可以发挥其自主性和能动性，以培养较高水平的地理实践力素养。

　　（2）学生地理实践力素养提升策略

　　本节以本校地理课外实践课程——海螺沟冰川森林研学旅行为例，探究了学生地理实践力素养提升策略。具体活动方案如下：

　　第一阶段的准备要做到两点。一是活动策划方案的写作。在准确地进行网络查阅和选择后，对此次野外考试活动中的多条线路进行了粗略梳理，并对各条线路的安全性及路径中可表现出的地理现象、资源等进行了全面评价，最后选择海螺沟冰川森林公园这一较为成熟的景点为调查目的地，写出详细的策划方案。二是实地考察探路。为了保证野外实践活动安全有效，学校老师多次利用双休日到海螺沟实地调研，并对调研线路予以确认，预订酒店食宿及正规班车、制订安全预案，并掌握景区的有关情况、确定调查内容等。

第二阶段是学生确定课题。教师提供地理课题参考，再由学生自主选定或设计课题。

表1 地理课题参考

自然地理	人文地理
观察二郎山东西两侧的植被变化、分析原因	佛教文化
河流凹凸岸的特征，对聚落分布的影响	磨西古镇的旅游开发条件分析
不同海拔高度的植被变化（垂直地带性）	山区公路修建的原则
地质构造（褶皱、断层）	沿途水电站修建的位置及原因
气温随海拔高度的变化	雅康高速公路修建的意义
景区内的昼夜温差的记录	雅康高速公路在修建中遇到的困难
不同岩石（沉积岩、岩浆岩）的特征	川藏铁路修建的意义
冬季大渡河的水文特征分析	川藏铁路修建过程中遇到的困难
冰川"U"形谷、冰川侵蚀地貌、冰川堆积地貌	垃圾银行（提倡游客带走自己旅游过程中留下的垃圾，到垃圾银行可以兑换相应的小礼品）
关注等高线的变化，河谷公路和等高线的关系，活动中登山线路的起伏变化	甘孜州的人文地理特征（藏族的传统民居、藏族的服饰及传统习俗）
温泉的成因	
低海拔冰川的成因	
原始森林的功能	
高海拔地区的太阳辐射情况，分析原因	

第三阶段是实地考察的过程。全程采用半自主考察模式[6]，该模式一是以学情为基础，充分发挥教师指导地位；二是有利于提升学生个体的自主能力、创新能力及写作能力。整个模式被分成了两个部分，分别是以教师为主的教学部分和以学生为主的学习部分，并且呈现了教师教些什么、学生调查研究些什么的问题。在考察内容、考察对象和考察目的的基础上，教师与学生之间的互动交流，保证了整个考察过程的顺利进行。在实施方案的过程中，以小组为单位，相互配合，统一行动。为了安全，由1~2名家长陪同，没有家长陪同的小组由老师陪同。初步调查结束后，老师有针对性地归纳并总结每组的初步成果。总结的过程要以确认为主导，师生主体间的双向交流要不断提升互信，研学旅行体验式活动要感受到不一样的新气象，不断撞击出思维火花，从而为后续主题的研究性学习打下基础。

第四阶段是在调查完成之后进行成果展示。考察结束后，基于学情和本次活动设计的目的，以发展式地理学习评价方法[7]为基础，各小组拟定出实习考察报告并进行展示，之后老师采用开放式的打分评价模式进行打分，并将这次活动的分数列为同学们平时成绩中的一项重要内容。在整个计划的调查和实施活动中，不断激励学生积极参与、勇于表达，从而达到促进思维模式发展的目的。

二、研究工作的状况

（一）文献资料法

预研阶段要大量收集和阅读有关地理学科核心素养发展、地理教学理论等文献资料。对地理实践力、地理实践课程等方面的国内外研究成果进行梳理，总结地理实践力及地理实践课程的深刻含义，探寻夯实的理论基础。本文通过文献分析法，将国内外实地考察案例与库伯实证学习理论、具身认知理论相结合，归纳了实地考察活动的特点，利用教材分析理论，结合课程标准相关要求，确定了地理野外实践活动的框架。

（二）开展的活动

活动一：从出发地乘正规客运班车约六小时到达甘孜州泸定县磨西古镇，沿途可观赏雅康高速、雨城雅安、茶马古道、二郎山、大渡河、泸定铁索桥等自然和人文景观。学生能够体会翻山越岭后道路两侧自然景观的奇妙变化，同时可观察大渡河的水文特征、水电站的建设情况、大渡河河流地貌的发育情况，并分析其对聚落形成的影响。

活动二：抵达磨西古镇后，考察民族风情、天主教堂和磨西会议旧址。当晚入住酒店后，和甘孜州的藏族同学一起烤全羊、参加篝火晚会和跳锅庄，这有助于了解当地的民族风俗和传统文化。

活动三：乘观光车抵达三号营地，步行前往索道站，乘坐索道到达四号营地，届时观看四川最高峰贡嘎山、现代冰川和红石滩等景观。在观赏景观的同时考察分析四号营地红石滩的成因、冰川延伸处有原始森林分布的原因、低海拔冰川的成因等，观察沿途峡谷地区的地质构造、沉积岩、冰川"U"形谷、冰川侵蚀地貌和冰川堆积地貌特征。

活动四：从四号营地乘观光索道返回三号营地。午饭形式为路餐，享用自备的干粮、自热米饭、泡面和水等。午饭后，从干河坝徒步穿越黑松林森林栈道到冰川观景台，往返路程3.6km。

活动五：参观中国科学院贡嘎山高原生态系统观测试验站，邀请教授讲解中国科学院观测站的相关研究项目。

活动六：参观泸定桥景区，观察并分析景区周围商贩分布特征。

（三）专家引领，交流学习

中国科学院贡嘎山高原生态系统观测试验站的教授对站内的相关研究项目

做详细讲解，使学生对观测站的工作有大概的认知。在与教授和工作人员的交流中，学生能够初步接触科研工作，感受科学研究的严谨，对自身学习有较大帮助，也对未来职业选择有借鉴意义。

（四）参加学术活动，推广课题成果

将部分地理野外实践活动成果装订成册，方便宣传推广，展示成果如图1~图3所示。

（a）

（b）

（c）   （d）

图 1   成果展示（一）

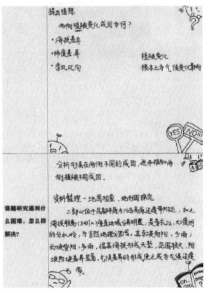

（a）   （b）

(c)　　　　　　　　　　　(d)

(e)　　　　　　　　　　　(f)

图 2　成果展示（二）

（a）

（b）

（c）

（d）

（e）

（f）

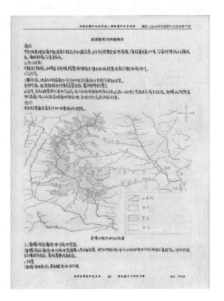

（g）

（h）

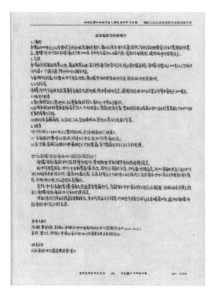

（i）　　　　　　　　　（j）

图 3　成果展示（三）

三、研究取得的成果

（一）认识性成果

1. 学生地理实践力素养现状

（1）地理实践活动较少

通过问卷调查发现，56%的学生只是偶尔参加地理实践活动，40%的学生从来没有参加过，而真正经常参加地理实践活动的学生仅有4%。从这一点可以看出，在目前阶段，高中生的地理实践经验通常都很少，学生的地理实践力整体水平很低，而且不能得到有效的提升。

（2）地理实践活动类型单一

地理学习必须与实际生活紧密联系，从实践中获取相关知识。一般而言，大多数学生的地理知识都是以间接的方式获得的[8]。学生在接受和消化知识时，主要是根据教师的讲解。调查发现，出于对学生安全的考虑，通常情况下，教师在进行地理教学的过程中，更多的是将地理实验类、测量观察类、知识竞赛类等活动作为地理实践活动的主要类型，而对具有一定风险的实地考察类地理实践活动的开展频率非常低，同时活动中也缺少对地理事物的观察、分析和探索环节。总的来说，尽管教师对地理实践能力的培养持着积极的态度，但出于种种顾虑，他们更愿意开展一些操作简单、危险系数低、可以在教室里进行的活动。因为以实地考察类为代表的地理实践活动，其准备工作比较繁重，对教学场所、课型选择、教学方式方法、应急预案、学生的组织管理等都要做到事无巨细，才能确保活动的有序进行。所以，目前的高中地理实践活动的类型比较单一。

（3）地理课时有限，教学压力大

地理实践活动进行困难的主要原因有：教师缺乏实际操作经验和技能；学生的地理知识储备量很少；活动现场气氛太过活跃造成课堂混乱；地理理论课课时减少，造成学生地理实务课时的不足，实践活动课时则更少；实践活动的准备工作和程序太复杂，有很大的风险；缺乏资金支持和相关设备。其中，最主要的原因还是地理课时有限。中学教学任务很重，大多数学校都有九个科目要上。新课程改革之后，中学地理的课本是2本必修课本和3本选择性必修课本，但是学校对地理课程的课时安排又非常紧张，同时为了高考的效果，老师们就必须在有限的课时内，选择把理论知识教得更扎实。在课余时间里，老师要备课、批改大量的作业和试卷，工作量很大，因此他们没有足够的时间和精力去准备和指导学生开展地理实践活动。

（4）安全难以充分保障

调查发现，88%的父母们最关心的是子女参加户外活动的安全程度。在影响地理教学的诸多因素中，有65%是安全因素。社会调查类、野外考察类等多样化的课外活动，所涉领域广，不确定性大，缺乏固定的地理实践基地。同时，高中生的身体和心理都还没有成熟，他们的思维存在着一定的局限性，很难对突发情况做出有效的应对，这可能会给地理实践活动带来无法预测的结果。故由于存在上述潜在的安全风险，这就造成许多假设很难成为现实。

（5）传统教育思想的禁锢

调查结果显示，40%的家长认为他们的孩子在高中学习过程中的成绩更加重要，而只有18%的家长更加重视他们的动手能力，希望学生能够得到全面发展。由于传统的应试教育观念牢固，这使得对学生进行全面发展的素质教育的要求很难彻底实现。在以分数为主衡量学生水平的大背景下，高考成绩被置于首位，其重要性大大超过了对学生实践能力的培养。教师在讲授时，往往采用"填鸭式"的讲授方法，导致学生缺少自主学习的机会，忽略了学生自己对地理学内容的亲身感受与领悟，从而忽略了其主观能动性与实践性，导致出现分数过高，能力过低的现象[9]。

综上所述，学生的地理实践力水平目前普遍较低，掌握地理知识的渠道单一，只是单纯地依靠教科书，通过翻阅教辅资料、做题刷题和老师讲解来掌握知识点，脱离了实际的地理实践学习。但应试教育的观念根深蒂固，目前对于地理实践力的培养并未引起关注，地理野外实践的开展困难重重，并且缺少合理的活动评价体系，导致目前地理野外实践活动的开展率比较低。

2. 促进地理实践力素养水平进阶影响因子分析

本文主要探究课程资源因子、活动主体因子和实践活动因子在海螺沟冰川森林公园研学旅行中对地理实践力的影响。海螺沟冰川森林公园研学旅行作为本校精品化课程，经过研发形成了校本教材——《横断山区自然地理野外实践考察手册》，并以此作为最重要的课程资源。该教材中包含了海螺沟冰川森林公园简介（包括贡嘎雪山和海螺沟六绝）、中国科学院贡嘎山高山生态系统观测实验站简介、常用APP推荐、课程背景、活动方案、要解决的理论和实践问题、行程安排、课程资料记录、野外实践考察活动注意事项、高原反应的应急处理方案、出行安全免责承诺书、横断山区专题训练试题、横断山区自然地理野外实践考察报告等。本次探究的实践活动因子及活动主体因子皆包含在内，由此本文主要对《横断山区自然地理野外实践考察手册》中所包含的地理实践力影响因子进行分析。

由于本文主要探究对地理核心素养的培养内容，对安全常识等内容不加赘述分析，现从各章节内容的设计目标进行分析。手册实物见图4。

（a）

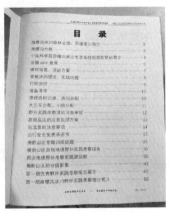

（b）

（c）　　　　　　　　　　（d）

图4　实践手册实物图片

（1）考察目的地介绍

海螺沟冰川森林公园的基本情况详细说明了该地的地理位置及风景风貌。海螺沟冰川森林公园地处四川省甘孜藏族自治州泸定县，距离成都市 319 公里，距离绵阳市 400 公里，距离康定市 59 公里，是目前全球仅有的一条低海拔冰川。海螺沟位于横断山的腹地，这里常年被白雪覆盖，以雪山、云雾、冰川、原始森林、温泉、红石六大自然景观而闻名。海螺沟景区的贡嘎山，也被称为岷雅贡嘎（Minya Konka），在四川省康定市南部，海拔 7 508.9 米，为大雪山的主要山峰，周围有 6 000 米以上的高山有 45 座。贡嘎山主峰比东边的大渡河还要高出 6 000 米，为四川省第一高峰，素有"蜀山之王"的美誉，是世界上距离大城市最近的极高山群，为国家级风景名胜区。

中国科学院贡嘎山高山生态系统观测试验站，始建于 1987 年，位于青藏高原东缘贡嘎山东坡海螺沟内，主要由磨西基地站（1 600m）、亚高山观测站（3 000m）和成都分析测试中心组成，于 1992 年被纳入中国生态研究网络，2001 年 12 月被确定为国家重点野外科学观测试验站。

贡嘎山观测站基于青藏高原东缘（横断山区）生态安全和可持续发展、长江上游生态环境保护与建设的重要议题，立足于贡嘎山对象与重点多圈层相互作用的山地环境效应，以高山陆地生态系统为切入点，研究不同生态系统山地垂直气候带谱的结构、功能和动态规律，以及高山冰冻圈要素变化和山地环境过程。以期揭示高山生态系统对环境变化的响应与适应机制和高山生态系统功能与生物多样性格局及其维持机制，为高山生态系统适应全球变化的调控和保育、维护区域生态安全、推进山区发展、保护长江上游环境提供较为科学的决策依据[10]（见图 5）。

图 5　贡嘎山观测站

本节着重介绍了海螺沟的地形地貌特点，包括典型的冰川侵蚀地貌和冰川堆积地貌，目的是在研学过程中结合实践手册的理论知识与实际地貌景观，实地观察、了解冰川地貌类型与特点，提升学生的地理探究兴趣。通过本项目的研究，可望阐明青藏高原东部边缘地区的现代表层过程及环境效应，深入理解我国西南地区森林生产力的形成机理，阐明我国高寒山区生态系统在全球气候变化背景下的响应与适应，明晰冰冻圈、生物圈与人为活动之间的交互作用及过程，为我国高寒山区生态系统研究提供新的思路。

（2）常用 APP

本节介绍了地理野外实践过程中需要用到的手机软件，所用 APP 分为轨迹记录类、天气气象类、地图识别导航类、观星类、植物辨别类。通过查阅离线地图、等高线地形图、卫星图等，不仅便于记录过程中的行动轨迹，实现实时定位，还能够进行各种信息的检索，从而帮助学生及时了解各种地理信息，养成收集地理信息的习惯。此外大量图表类元素的运用，有助于提升学生对地理图形的判读能力。各类 APP 见图 6。

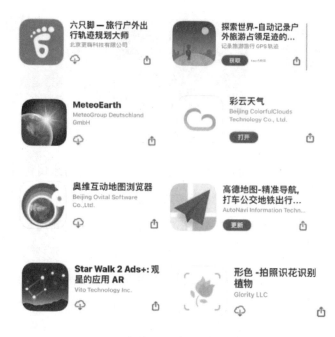

图6　各种 APP

（3）活动方案

活动方案主要介绍了教师前期准备、学生确定课题、实地考察过程和考察后结果展示，旨在梳理此次自然地理野外考察活动的几条线路，评估每条线路的安全性，以及预计考察过程中能够发现的地理现象、地理资源，最终选定出一个比较成熟的景区——海螺沟冰川森林公园作为此次考察的目的地，并撰写了考察方案。整个考察过程按半自主调查模式进行，这种模式既立足学情，使教师发挥了引导的作用，又提高了学生主体的自主能力、合作能力和创新能力。整个模式分为以教师为主的教学部分与以学生为主的学习部分两个方面，并且呈现出这样两个问题：教师教些什么？学生调查研究些什么？师生双方基于考察内容，考察对象以及考察目的等方面展开互动交流，确保了整体考察结果的畅通。

实地考察结束后，教师应适时抓住学生前一阶段调查的积极性，立足学情及本活动的设计宗旨，依据调查内容增加应用实践能力、迁移创新能力等方面的测评。每组活动报告完成后，教师可采用开放式评价模式，按照"策划方案（10%）+实践活动表现（30%）+活动报告（30%）+汇报情况（30%）"的标准打分，并且把这次活动的成果作为评定学生平时成绩和素质的一项重要内容，对于这次活动中成绩突出的团队给予奖励。整个考察和执行过程中，对学生参与本活动的学习情况进行正面反馈，促使他们发表自己的观点和疑问，从而达到善于思考和勇于创新的目的。

具体要求是：①各组在2周内交研究性学习总结报告初稿。②经过教师订正、同学们修改后，在第3周进行成果汇报展示，在20分钟内以PPT的形式将小组成果分享给大家。各组报告结束后由教师做出总结，充分认可学生在实践过程中的付出，同时也指导同学们对此次调研做出简要评析与归纳总结，从而帮助学生对主要知识体系进行梳理和构建，进而实现对调查活动基本途径与方式的掌握。③教师和学生通过平等的交流，将自己在本次实践过程中的收获与反思进行分享，进而提高学生的观察分析问题能力、自主思考意识、社会调查能力、求真求实的科学态度和灵活运用知识的能力。除此之外，这对丰富实践经验、完善实践方案有很大帮助。

（4）理论和实践问题

只有在研学旅行前提出与地理核心素养培养有关的预设问题，在活动开展过程中才能做到有针对性，从而提升对地理实践力的培养效果。有效且全面的预设问题包括：在地理教学实践活动中如何培养学生的地理核心素养；如何通过地理教学实践活动，使学生将课本知识与海螺沟景区所体现的地理资源联系起来；如何利用乡土地理资源开展地理教学实践活动；不同的地理实践活动在什么地点、什么季节展开；在地理实践中如何提升学生的观察、分析自然地理环境的能力；探讨地理教师在地理教学实践活动中的角色、作用；探讨在教学实践课中遇到的困难及解决方法。

总体来说，《横断山区自然地理野外实践考察手册》为学生呈现了较完整的整体活动流程、注意事项等内容，但对培养地理实践力存在一定劣势，主要原因是在野外时，实践手册不便阅读，也难以及时进行纸质文字记录，需配合一些 APP 联合使用记录实际过程中收集到的资料信息。另外，现版本实践手册过于强调课本地理知识，重点聚集在地形、地貌成因，缺少人文地理的内容。

近几年来，高考地理试卷的命题立意已经从知识立意图、能力立意，逐步向素养立意转变，在最近五年中，对综合思维和地理实践力素养的考查尤为重视[11]。随着高考命题思想的改变，中学地理教学更加注重培养和提高地理实践力等核心素养，而开展研学旅行是提高地理实践力素养的一种有效的策略和重要途径，同时也是传统课堂教学的一种必要的延伸。基于"研学旅行对提高高中学生的地理实践力素养的影响"的研究还为数不多或不够接地气，对学生实践能力的培养大多数情况仍囿于课标设置与教材编制，因此，要重视研学旅行活动在高中地理教学中的开展，指导学生将课内所学理论与课外实际生活通过校外研学活动结合起来，从而提高学生的地理实践力等核心素养。在地理研学旅行中，一些重要资料如实践手册等对整个活动起到了关键作用，因此，地理野外实践手册中的目标设定及内容变得尤为重要。

研学课程内容的定位，要坚持以高中地理课程标准为基础、立足地理教材、立足学生全面发展的原则[12]。本次野外实践基于海螺沟冰川森林公园内不同的地点，结合景区内的讲解说明，对课程内容进行串联，提高了研学旅行教学过程中的逻辑性，使学生更易学习和理解。参考《普通高中地理课程标准（2017年版 2020 年修订）》，课程目标的设计凸显了地理学科核心素养的原则，综合海螺沟冰川森林公园的土壤、植被、地质、地貌、气候、水文等来建构课程目标，对培养学生的地理实践力有着很大帮助。

综上所述，海螺沟冰川森林公园研学旅行实训手册内容丰富，通过目标设置和活动设计，结合同学们的个人需求，以研学旅行为基本目标，以学习为主线，调动同学们的主动性和积极性，力求在一次研学活动中，挖掘出同学们多样化的发展方向。海螺沟冰川森林公园的旅游资源集中，拥有多个距离较近且具有研学旅行开发价值的景区，这些景区都可被作为研学旅行地点。通过与周边景区的联系，可以对研学旅行的内容进行整合和丰富，实现知识的串联，从而提高对知识纵深的掌握，提高学生的综合思维能力[13]。通过对实践手册的学习以及使用，能够更好地开展野外实践活动，其中的课程资源因子，如实践地介绍、野外实用 APP 介绍等，能够夯实学生的地理基础知识，并在实践过程中有效联系课本知识。在高中地理课程标准的基础上，地理实践力被分为四个不同的层次，其中最高层次要求：能够较系统地观察和调查，获取、处理复杂的信息，主动发现和探索问题；能够独立设计和实施地理实践活动，主动从体验和反思中学习；有克服困难的勇气和方法。在制定目标任务时，学校可围绕四个方面的目标要求，设计活动链和问题链，从而深化实践活动因子及活动主体因子对地理实践力培养的作用[14]。

（二）操作性成果

1. 提升地理实践力素养水平的教学模式

（1）户外操作模式

户外操作模式的发展流程是：地理研学旅行—学习方式变革—实践基地建设—相关课程开发—实践力素养提升。在这一发展流程中，研学旅行作为核心手段，将学生对地理知识的学习方式延伸至传统课堂之外，使学生全面认识研学旅行目的地相关地理知识。研学旅行目的地逐渐形成并发展为校外稳定合作的实践基地，有助于学校和老师开发相关地理实践课程，以长期综合提升本校学生地理实践力素养。

（2）地理实践活动学生操作模式图

地理实践活动学生操作模式如图 7 所示。

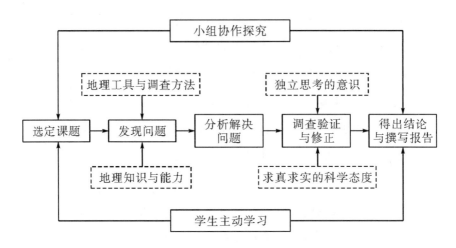

图7 地理实践活动学生操作模式

（3）高中地理野外实践活动户外操作模式设计思路

①高中地理野外实践活动户外操作模式的构建立足于教材内容，并体现课程培养目标。本着落实地理核心素养培养原则、因地制宜原则以及可实施性原则的态度，此套高中地理野外实践活动户外模式具有实操性与科学性，是课堂教学的补充和延伸。

②明确学生的学习场所是真实的大自然。地理学科作为六大自然学科之一，特别是区域地理，强调地理环境对各类型区域发展的影响，内容横跨度较广，学生学习起来具有一定难度[15]。因此，进行地理户外实践活动时，可以将抽象的地理知识具体化，将书本理论知识与生活实际联系起来，拉近地理与生活的距离，探索生活中的地理，在实践活动中培养地理核心素养。

③实践基地的选择主要视当地的实际情况而定，并且要进行多方面的考察。主要考察方面：自然景观是否丰富或特有，人文景观是否有独特之处，交通是否方便，路线安全性能否保证，沿途是否有特殊的地理景观等。通常情况下，符合上述几点的地理实践基地多为已经开发为旅游景区的地点，其在线路安全性上更有保障，同时也兼具观赏性和学习性。

④在前几个步骤都顺利实施的情况下，学校和教师应该考虑开发地理实践力相关课程，形成本校特色精品化课程。同时在实践中创新，多与该领域专家进行交流会谈，推动地理实践力课程开发走上新的台阶。

⑤户外学习模式能够丰富高中生学习方式，将学生的地理课堂从学校扩展到广阔的校外环境中，不仅拓宽了学生的视野，更提升了学生在活动中的行动意识和行为能力，增强了地理实践素养。

2. 形成地理实践力提升课程资源建设操作策略

提升地理实践力素养水平的户外教学模式的实施需要研学旅行课堂化（简称研旅课堂化）策略的支撑。研旅课堂化即研学旅行行程与课程内容相对应、研学旅行地点与教学课堂相对应、研学旅行课程与课本教材相对应。

（1）海螺沟研学旅行课堂化的依据

研学旅行资源是研学课程内容的内核，也是支撑研学课程有序实施的关键。海螺沟景区旅游资源丰富，它不仅具有较高的观赏和游憩价值，还具有较高的历史文化研究价值、自然科学研究价值、爱国主义教育功能以及专项考察功能等。于是，学校以海螺沟研学旅游的资源为基础，制定了相应的课程内容。通过收集和分析资料，将海螺沟地理研学旅行资源主要分为自然地理资源和人文地理资源两种，主要内容如表2所示。

表 2　海螺沟主要研学旅行资源

自然地理	人文地理
二郎山东西两侧的植被变化	佛教文化
河流凹凸岸的特征	磨西古镇
不同海拔高度的植被变化（垂直地带性）	磨西会议旧址
地质构造（褶皱、断层）	茶马古道
气温随海拔高度的变化	山区公路的修建
景区内昼夜温差的记录	沿途水电站的修建

表2（续）

自然地理	人文地理
不同的岩石（沉积岩、岩浆岩）特征	雅康高速公路的修建
冬季大渡河的水文特征	川藏铁路的修建
各种类型的冰川地貌	垃圾银行
等高线的变化	藏族的传统民居、服饰、习俗
温泉的成因	
低海拔冰川的成因	
原始森林的功能	
高海拔地区的太阳辐射情况	

而本地理研学旅行主要课程对象为高中阶段的学生，心智和三观较为成熟，并且处于学习知识的关键阶段。课程内容选择以知识科普、自然观赏、体验考察和知识拓展为主，既要是学生喜闻乐见的知识，以激发学生地理学习兴趣，又要符合地理核心素养的要求，以提升学生地理实践能力。

（2）海螺沟研学旅行课程主题确定

结合《研学旅行服务规范》中对研学资源的分类，确定海螺沟研学旅行为"自然科普型研学旅行产品""励志教育型研学旅行产品""体验考察型研学旅行产品"三大类。这三大类课程并不是相互独立的关系，而是相互补充，你中有我、我中有你。

课程一：探秘原始森林，感受最美冰川。

海螺沟景区位于中高山、高海拔地区，海拔落差超过6 000米，形成了天然特有的自然垂直条谱（图8）。海螺沟冰川位于贡嘎山东坡，是世界上最大的冰川之一，其尾部向下延伸6 000米，其海拔仅为2 850米，为全球最小的冰川之一。

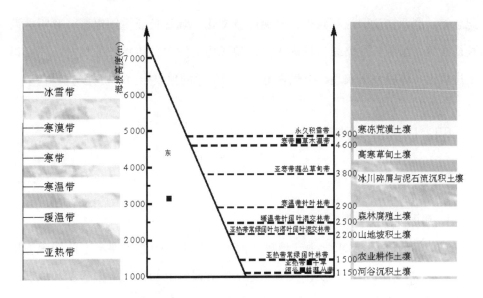

图8　海螺沟垂直带谱分布简图

本研学旅行课程以海螺沟景区原始森林和冰川资源为依托，以自然科普为重点，结合地理、自然、生物等学科为依据设计。通过探秘原始森林，了解海螺沟动植物（主要包括杜鹃花、冷杉、蝴蝶等）；通过"垃圾银行"项目增强环保理念；通过"夺目红石"项目探索微生物奥秘；学习户外知识，增强求生能力；学习冰川运动，感受最美冰川，在自然中巩固知识。

课程二：近身科学观测，树立远大理想。

如前文介绍，中国科学院贡嘎山高山生态系统观测试验站距离本次地理野外考察地较近，将其作为地理实践内容之一，可以增加学生对科学试验站的了解。以中国科学院贡嘎山高山生态系统观测试验站为依托，以科学探索为重点，设计相应的观察体验课程。通过亲身观察科学试验站日常事务，了解基础科研工作，树立远大理想信念。

课程三：重温红色文化，体验人文关怀。

以海螺沟红色文化为依托，以励志教育和体验考察为重点，设计相应的研学课程内容，体验海螺沟乡村田园风光和茶马古道文化。通过参观海螺沟长征纪念馆、磨西会议旧址等景点，重温红色文化，观看长征主题电影，聆听磨西长征故事，绘制长征路线，巩固中国近现代历史知识，传承长征精神。还可以走进大山，体验乡土农趣，追忆古道，培养学生的独立能力、责任与担当。

四、研究取得的效果

（一）学生变化

1. 知识维度——视野与境界

"知识与技能"要求学生在地理实践的过程中，能够将课本上的知识应用到实际当中。在评价的时候，教师要把学生对课堂上知识的掌握程度和地理工具实地操作的能力作为重点。在海螺沟冰川森林公园的研学旅行过程中，所需知识点涉及高中地理必修一、必修二、必修三以及选修课本的多本教科书，研究活动主要是为了提高学生阅读地图、认识地图、运用地理工具等方面的能力。研学过程中参观的很多地点都会涉及地理课本上的知识点，比如，高中地理新课标在选择性必修一中，要求"结合实例，能够解释内力和外力对地表形态变化的影响，并说明人类活动与地表形态的关系"。在选择性必修九中，也要求学生"在野外观察某种地貌，推断其形成过程"。所以，在进行有关研学方案的设计时，应该考虑怎样引导学生在实地考察过程中，能够做到对课本中所学的理论知识进行迁移运用与具体分析。

在对海螺沟冰川森林公园的研学旅行"知识与技能"培养方案进行清晰界定的基础上，对学生的知识掌握能力、读图识图能力和实际能力进行考核，并制定出一套评估标准。这个标准被划分为三个水平级别，分别是：基本、中等、高等，并且在每个级别上都有对应的水平表现标准，这样可以方便教师进行评估、学生进行自评估和小组成员之间进行相互评估。在"基本"水平上，学生具有一定的阅读地图的能力，并且可以在他人的协助下，完成对地理工具的使用，具有对地理对象进行观察的能力；在"中等"水平上，学生可以独立地使用地理仪器，并以所测得的资料为基础，对其进行整理和归纳，具有一定的资讯处理能力；在"高等"水平上，学生可以从地理事物表面信息来分析其原因，具有知识转移的能力和良好的地理素养。

在实践活动后的展示汇报环节中，大部分学生都能结合实践手册的任务目标完成实践报告，并通过小组合作形式进行汇报展示（见图9）。从汇报展示结果来看，大部分学生都能结合老师讲解和野外观察，以及自主资料查询完成课题问题，完成对知识的掌握。由此可见，学生通过实践手册的指导强化了读图能力，一些水平较高的学生还可以动手绘图，体现了技能方面的锻炼与提高。

　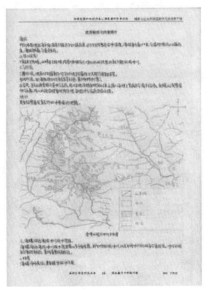

(a)　　　　　　　　　　　　(b)

（c）   （d）

图9　学生实践手册报告记录

2. 地理实践力维度——观察、实验、实施

　　基于前文提到的地理实践力的四个不同层次水平，我们可以将最高层次解读为：可以进行较系统的观察和调查，能够获取、处理复杂的信息，主动发现并探索问题；能自主地进行地理教学活动的设计与实施，在经验与思考中积极地学习；有勇气、有办法克服困难。为达到这一层次，制定目标任务可以围绕四个方面的要求来展开。具体设置如下：一是在野外学习过程中，学生可以独立和熟练地运用罗盘、地图、北斗系统或 GPS 系统、专门的应用程序等多种地理工具来确定自己的位置[16]，体现为水平 1；二是能够概述研学区域自然环境特征如地形、气候、水文、植被、土壤等，体现为水平 2；三是能独立或与他人合作设计地理实验方案，进行实地观察和记录，对实验结果进行分析，对实验中出现的现象和问题进行归纳和总结，体现为水平 3；四是能将所学的知识应用于自我防护，顺利避开在野外学习过程中可能遭遇的突发自然灾害，如山

洪、雷雨、泥石流、滑坡、坍塌等，体现为水平4。

在实践活动过程中，大部分学生都能达到水平2，能够描述实践地区的一些自然环境特征。在老师的指导下，部分同学逐渐达到水平3，能够发现地理问题并积极解决。出于安全性考虑，在实践活动过程中对于水平4的学习主要通过实践手册的说明及老师的讲解为主，不便展开。

3. 地理核心素养维度

从整体上看，海螺沟冰川森林公园研学旅行活动的设计很好地完成了培养学生地理核心素养的目标，但是在地理实践力的发展效果上仍有待完善。

近几年高考地理试卷的命题立意愈加重视对于素养的考查，特别是在过去五年中，对学生综合思考能力和应用能力的测试倾向更为明显。这种变化推动了高中地理教学要重视并提高地理实践能力这一核心素养，而开展研学旅行就是一种能够帮助学生获得这种素养的有效方法，也是一种重要的方法，还是一种让传统的课堂教学得到有效扩展的方法。

整体来看，海螺沟冰川森林公园研学旅行与传统课堂模式教学相比较，在发展学生地理核心素养方面更具有优势：一方面学生热情较高，自主探究兴趣浓厚；另一方面，该研学旅行多元化的目标设定和活动设计，有利于全面提升学生的地理核心素养。从活动后小组汇报中可以发现，学生能用辩证性的思想理解地理问题，并能将地理知识、原理和技能运用于实际生活中。对地理学科价值与功能的整体认知及对地理野外的调查与实践，都是获得新地理知识与地理野外认知的工具，其综合提升了地理学科核心素养。

4. 育人维度：学习内驱力、学习习惯、意志品质

研学旅行中学生地理实践力培养与评价，以情感态度和价值观为重要内容，是新课程标准中课程实施的重要内容。学生的自我认知受到直接影响，进而影响到学生在学习过程中的学习目标的实现，如学习热情、学习态度、学习价值观以及学习兴趣等情感因素。在以地理实践力培养为基础的研学旅行过程中，

作为一个整体的研学团队需要每一位教师与学生共同参与，共同配合完成研学任务，并将小组合作的学习形式贯穿整个学习过程中，这对学生的集体意识有一定的要求。另外，在整个学习过程中，考虑到研学团队学员较多，带队老师有限，对每个学员的管理很难有充沛的精力和体力，这就对学员的组织纪律性要求较高。在学习过程中，需要学生有足够的学习兴趣参与其中，无论是对学生"知识和技能"的掌握，还是对"情感态度和价值观"的提升。

海螺沟冰川森林公园研学旅行很大程度上激发了学生对于地理的学习兴趣，培养了学生结合生活实例联系地理问题的习惯，很好地锻炼了善于观察的地理思维，并且在地理野外实践的过程中，培养了学生的集体意识与吃苦耐劳的品质。

（二）教师自身变化

1. 教学理念

在地理核心素养的引领下，传统的教学观念下那种只重视成绩的课堂教学已经不能完全满足新课程改革下对地理实践力的培养要求。教师是教学质量提高的中坚力量，将高中地理野外实践活动运用到高中地理教学中，在地理野外实践活动教学中合理设计地理实践课题，使教师能够反思以往的教学方式和内容的问题，不断优化自己的教学理念，科学合理地培养学生的地理实践力。在地理野外实践活动过程中实践力的提高，主动改进自己的教学设计。调动学生参与地理野外实践活动的积极性。因此，开展地理野外实践活动是改进地理教学理念的重要举措。

2. 教学能力

开展地理野外实践活动不是动动嘴皮子，而是需要教师构思活动地点及路线、精心撰写活动方案，反复进行实地考察。教师除了在前期进行大量准备工作外，当学生在野外活动过程中，其又是教学活动的主导者。为了体现出地理野外实践活动与普通旅行活动的不同之处，教师需要设计出合理的野外教学内容及过程。在活动结束返校后，教师更应该发挥主导作用，总结本次外出的收获与不足，和同学们一起成长进步。在这样一整套地理野外实践活动中，教师的教学能力将得到质的飞跃，教学内容不再局限于完成课本教材的讲授，更在于培养学生地理核心素养的综合提升。

3. 教学态度

大部分教师认为培养学生的地理实践力是非常有必要的，而进行地理野外实践活动是改变学生学习方式的新渠道。许多青年教师愿意在此下功夫，积极选择地理野外实践课题和题材，设计教学过程，并将课堂搬至教室之外。一方面体现出教师肯在教学技能上做出提升和改进，另一方面也表明教师自身积极进取的教学态度。这样一来，学生对地理学习的兴趣增强，教师成就感倍增，教学情绪高涨，运用课外地理素材进行地理课程教学已经成为越来越多教师的选择。

4. 教研能力

教师在地理野外实践活动中可以与每一位学生近距离接触，有助于师生建立友好关系。当师生关系良好时，学生更愿意在教学内容、教学方式等方面提出或分享感受。教师也能从中发扬长处，改进不足，提升教学研究的能力。地理野外实践活动的开展需要教师创造性设计教学内容，在这个过程中必然会提升教师的课程资源开发能力。

五、不足和反思

现阶段地理实践活动对实践效果的测评局限于习题练习和实践报告撰写，缺少过程性评价体系。对学生进行基于地理实践力的研学旅行课程的合理评价，要采用以过程性评价为主、以终结性评价为辅的评价方法，采用自评、组内互评、教师点评等相结合的评价方法，实现评价主体的多元化，确保评价结果的公平性和合理性[17]。所以，构建具有规范性、长期性、系统性、共享性的研学旅行实践效果评价体系，有利于精品化研学路线、提升地理野外实践手册的使用效果、提升地理研学旅行对于地理核心素养的培养作用。

以地理实践力培养为基础的中学地理研学旅行，注重培养学生在研学过程中的行动能力、动手能力，是培养新时期全面发展人才的重要内容，是培养学生地理实践力的重要途径。希望通过对海螺沟冰川森林公园研学旅行案例的分析评估，让更多的专家学者关注到研学旅行中学生地理实践力的培养，并通过在本次研学旅行活动中发现优势和不足，引以为戒，取长补短，在研学旅行中完善地理实践力的教学方案、教学内容、教学路线等方面的内容，从而达到在研学旅行中培养学生地理实践力、推动研修旅行课程[18]。

在培养地理实践力中最大的阻力就是缺少地理实践机会，培养地理实践力的实践基地较少，就所开展的地理野外实践活动而言，教师也缺少完善的指导与实践教材，学校的重视度不够，缺少对开展地理野外实践活动的支持，其所占用的正常教学时间较长，部分学生自身对地理野外实践活动不感兴趣等原因，也对开展地理野外实践活动的时空条件、组织者能力与资金提出了更高的要求。因此，地理实践力的培养需要得到不同层面的支持。

参考文献

［1］刘虹虹.高中地理野外实践活动教学策略研究［D］.福州：福建师范大学，2020.

［2］陈书敏.黑龙江省地理研学旅行课程资源的开发和应用研究［D］.哈尔滨：哈尔滨师范大学，2019.

［3］倪雪梅. 中学地理教科书实地考察活动设计评析［D］. 石家庄：河北师范大学，2021.

［4］成丹. 高中地理课外实践活动研究［D］. 重庆：西南大学，2020.

［5］伍程宇，揭毅，王秋铭，等. 新课标背景下高校师范生地理综合实习的优化设计：以华中师范大学宜昌自然地理野外综合实习为例［J］. 中学地理教学参考，2021（14）：92-94.

［6］徐晶. 基于地理核心素养培养的高中地理实践活动案例设计研究［D］. 南昌：江西师范大学，2021.

［7］程菊，徐志梅.“人地观念”素养的构建与培养［J］. 中学地理教学参考，2016（17）：4-6.

［8］OOST KATIE, DE VRIES BREGJE, VAN DER SCHEE JOOP. Enquiry-driven fieldwork as a rich and powerful teaching strategy-school practices in secondary geography education in the Netherlands［J］. International research in geographical and environmental education，2011，20（4）：309-325.

［9］周银锋. 研学旅行中培育地理实践力素养的策略研究［J］. 地理教学，2019（2）：40-43.

［10］吴振华，袁书琪，牛志宁. 地理实践力在地理研学旅行课程中的培育和应用［J］. 课程·教材·教法，2019，39（3）：102-107.

［11］胡雅真. 基于地理实践力培养的高中生土壤地理野外实践活动教学案例设计［D］. 上海：上海师范大学，2021.

［12］HAWORTH DAVID, BROWNE GEOFF. Key Competencies［M］. The educational resources information center，1992（6）：3-6.

［13］马彦军. 地理学科国际理解教育指标体系的构建及其与中学地理课程标准的契合度分析［J］. 地理教学，2021（9）：4-8，14.

［14］严明. 多元智能理论在教学中的应用［J］. 学术交流，2005（6）：

189-191.

［15］褚宏启. 杜威教育思想引论 ［M］. 长沙：湖南教育出版社，1997.

［16］童亿勤，李加林，杨晓平，等. 现代自然地理学实验与实习指导 ［M］. 杭州：浙江大学出版社，2016.

［17］尚志海，李松珊，罗松英. 人文地理野外实习中的课程思政探索 ［J］. 地理教学，2021（23）：12-14.

［18］章丽保. 中学地理课程中地理考察实践活动的研究 ［D］. 南京：南京师范大学，2005.

乡村振兴视域下推进大学生服务乡村中小学研学旅行的实证研究

蔡艳 罗思语 马可

摘 要

全面推进乡村振兴是党的二十大作出的重要战略部署，要切实巩固脱贫攻坚成果，扎实推动乡村产业、人才、文化、生态、组织振兴。乡村振兴，人才是关键。大学生既是乡村振兴人才梯队中的重要组成部分，又是全面推进乡村振兴、加快农业农村现代化的生力军，大学生融入乡村振兴，服务偏远乡村中小学研学旅行，将为乡村振兴提供强有力的人力支撑，同时也是大学生个人成长、社会协同育人的重要内涵。本文以大学生服务乡村研学旅行为研究对象，依托学校资助育人实践教育基地，调研大学生返乡服务偏远乡村中小学研学旅行的动机和意愿，探索研学旅行服务实施路径，切实助力乡村全面振兴。

关键词

乡村振兴；研学旅行；大学生

基金项目：四川研学旅行发展研究中心项目——"乡村振兴战略背景下大学生服务偏远乡村中小学研学旅行模式和实证研究"（项目编号：YX22-10）。

作者简介：蔡艳，女，成都理工大学学生工作处学生资助管理中心办公室副主任，管理学硕士，主要从事高等教育管理研究；罗思语，女，成都理工大学商学院硕士研究生，管理学学士，主要从事学生管理研究；马可，女，成都理工大学商学院硕士研究生，管理学学士，主要从事学生管理研究。

一、研究背景

（一）乡村振兴实施现状

近年来，四川省在政策扶持、市场优化、乡村发展等方面取得了诸多成效，但在新形势下，乡村发展的动力机制的作用显现仍然不足。当前是实现巩固拓展脱贫攻坚成果同乡村振兴有效衔接的关键时期，农业、农村、农民的发展核心在于人才资源保障[1]。

乡村蕴含丰富的研学资源，包括独特的自然地理景观、悠久的历史文化遗产、得天独厚的农业资源等。数据显示，我国休闲旅游资源有70%在乡村，除此以外还有大量未开发的旅游资源。近几年，乡村旅游在促进乡村经济发展、带动农民就业、提供基层就业岗位、推进乡村振兴方面作用较为突出。乡村研学旅行作为乡村旅游的重要组成部分，不仅实现了乡村旅游参与者年龄覆盖面的拓宽，更实现了教育、旅游、文化的有机结合，在促进人才培养、传承乡村民俗文化、实现区域经济协同发展、助力乡村振兴方面具有重要意义，是全面推进乡村振兴的重要路径选择。

《"十四五"旅游业发展规划》明确提出，推动研学实践活动发展，创建一批研学资源丰富、课程体系健全、活动特色鲜明、安全措施完善的研学实践活动基地，为中小学生有组织研学实践活动提供必要保障及支持[2]。同时，2022年中央一号文件提出，将符合要求的乡村休闲旅游项目纳入科普基地和中小学农劳动实践基地范围。这都为乡村开展研学旅行进一步指明了方向。

（二）国外研学旅行研究动态

国外针对研学旅行的研究比较早。Ritchie 等人在论文中对教育旅游进行了定义，认为教育旅游是游客（过夜游客和远足游客）在参与旅游活动中将"学"作为主要或次要的旅游活动[3]。Lam 等人基于推拉理论对研学旅行的动机以及影响因素进行了研究[4]。Abubakar 等学者利用定性研究的分析方法，通过对东地中海大学的国际学生进行访谈，深入调查研学者动机，分析得出研学旅行影响因素主要包括：工作期望、学费以及奖学金等方面。但国外研究者较少关注到大学生群体与中小学群体研学旅行的互动研究[5]。

研学旅行市场作为旅游市场的一个重要组成部分，国外的一些研究者也针对研学旅行市场进行了一些研究。Anowar 等学者研究了儿童教育与森林保护之间的关系，揭示了研学旅行中教师、政府等相关主体在研学中应发挥的作用[6]。Cornelia 等学者通过分析乡村教育旅游活动对游客的教育意义，提供了建立新型教育产品的具体步骤，却未关注大学生服务中小学生研学旅行的机制和模式方面的研究[7]。

（三）国内研学旅行研究动态

由于经济、社会发展的客观条件，我国研学旅行相关理论和实践研究起步相对较晚，但由于人口和经济社会发展的后发优势，我们具有与国外研学旅行研究不一样的突出特点，具体从以下两个维度来看。

1. 乡村振兴视角的乡村研学旅行发展路径

乡村有着丰富的研学资源，将研学旅行融入乡村振兴战略中，有助于乡村资源的高效利用。2023 年是巩固拓展脱贫攻坚成果同乡村振兴有效衔接的关键之年，对于乡村研学旅行该如何与乡村振兴战略形成有效协同等相关问题的研究已然迫在眉睫，研学不仅能激活乡村资源，为乡村振兴提供实施路径和建设方案，还能为乡村发展引入"流量"[8]。基于乡村振兴视角，邓琛等人提出了采用实证的研究方法挖掘研学课程资源，既能实现"培养学生综合素质"的育人目标，还有助于将国家政策融合到具体的课程内容中[9]。张志磊以河南省首批研学基地王屋村为例、杨文钰以衡水市冀州区为例探讨了研学旅行发展的相关建议[10][11]。作为一种新兴的教育协同模式，乡村研学旅行的发展也存在一些障碍。一方面，乡村研学旅行自身发展动力不足，相关人员缺乏对研学理论基础及政策的了解，还存在研学人才短缺、资金不足等制约因素[12]；另一方面，缺少外部力量的支持，各级政府虽都在推动乡村振兴发展，但较少关注到大学生群体服务乡村研学旅行在乡村振兴中的作用。

2. 大学生服务乡村振兴路径研究

人才振兴是乡村振兴的关键[13]，各大高校纷纷开展大学生志愿服务助力乡村振兴活动，利用高校学生的专业知识与能力，助力乡村发展[14]。当前大学生对乡村振兴认知渠道比较广泛，服务乡村振兴价值导向也初步形成，但仍存在乡村就业动力不足、长期参与意愿不强、流动频繁、融入困难等实际问题[15]。大学生服务乡村振兴如何发挥实效并实现健康、可持续的发展，决定了大学生就业创业和乡村振兴建设的成效[16]。王金艳、吕美籼等人探讨了大学生志愿服务助推乡村振兴的路径[17][18]，李佳玲等人探讨了大学生服务助推乡村旅游的实践路径[19]，但缺乏对偏远乡村中小学研学旅行与大学生志愿服务协同发展的研究。

国外相关研究与实践经验值得借鉴，并为中小学研学旅行的通用范式提供参考，但是双方在文化差异和社会发展阶段上存在差异，不能完全照搬。国内相关研究与实践经验可以参考，但是并未建立起在校大学生与偏远乡村中小学研学旅行的稳定路径。本研究将以已经建立偏远乡村中小学研学旅行服务的基地为依托，结合我国当代大学生和乡村中小学生的成长需要和个性特点，以立德树人为根本出发点和落脚点，探索乡村振兴战略背景下大学生参与四川省偏远乡村中小学研学旅行的模式研究，并进行实证调研。

二、研究方法

随着研学旅行热度持续高涨及近几政策红利的持续释放，研学旅行市场规模不断扩大，人才缺口问题凸显。与此同时，高校学生就业市场供需关系出现一定失衡，呈现城镇新增岗位减少而人才流向多、乡村资源富饶而人才流向少的局面。党的二十大报告提出，全面推进乡村振兴，要"坚持农业农村优先发展，坚持城乡融合发展，畅通城乡要素流动"[20]。高校学生服务乡村研学旅行成为一种新的服务乡村振兴的形式。乡村丰富而独特的自然资源和人文资源，吸引高校学生前往乡村，在旅行体验的同时进行研究性学习和实践探索。这能够加强高校学生与乡村之间的联系与融合，引导高校学生积极投入乡村建设。

因此，了解高校学生服务乡村研学旅行的现状、困境，调查成都市高校学生服务乡村研学旅行的意愿及影响因素，探究制约其推广、发展的因素，从而提出相应政策建议，对完善当前服务乡村的路径十分必要。调查时间为2023年1—3月，形式以问卷调查为主，文献调查和深入访谈为辅。项目小组通过文献调查法梳理了关于高校学生服务乡村振兴意愿及影响因素的研究，为后续设计访谈提纲和问卷夯实基础。项目小组对成都周边双一流本科院校、非双一流本科院校以及专科院校这三个层次共21所院校的学生进行了问卷调研。问卷包含非量表题和量表题，其中量表题包括参与认知量表、参与需求量表和选择偏好量表。正式调查最终共发放问卷 737 份，剔除 20 份无效问卷，有效回收率达到 97.29%。此外，项目小组通过线上或线下形式与成都周边乡村研学营地（基地）工作人员、研学机构工作人员、高校教职人员进行深度访谈，以对成都市高校学生服务乡村研学的体系进行全面深入的了解。

（一）文献调查法

项目小组成员查阅并整理了关于研学旅行行业、高校学生就业、高校学生服务乡村振兴意愿及影响因素的相关文献资料、行业报告、新闻报道和政策文件等，对调查对象的性质、内容和重点进行初步了解，明确调查目的，为设计问卷和访谈提纲提供理论依据。

（二）问卷调查法

本次调查分为两个阶段。第一个阶段为预调查，第二个阶段为正式调查。问卷共分为六个部分，每个部分的问题之间不完全独立。第一部分为基本信息；第二部分为被调查者对服务乡村研学旅行的了解程度；第三部分为被调查对象对服务乡村研学旅行的参与意愿；第四部分为被调查者对乡村研学旅行项目的需求描述；第五部分探究了被调查对象对乡村研学旅行项目的选择偏好；第六部分为改进方向及建议。

（三）访谈法

项目小组成员灵活采取线上或线下的沟通方式对调查对象进行深层访谈，主要对高校学生、老师的感受及态度，研学机构、基地（营地）工作人员的反馈等进行全面、深入的了解，既为问卷设计、修改提供实际参考，又为后续析毫剖厘夯实基础。

三、高校学生对服务乡村研学旅行的认知及服务意愿初探

（一）高校学生对服务乡村研学旅行的认知

1. 对服务乡村研学旅行的了解程度

如图 1 所示，受访者对乡村研学旅行非常了解、比较了解、了解一点的占比为 27%、26%、35%；不太了解和完全不了解的受访者加起来仅占 12%，整体了解程度较高。

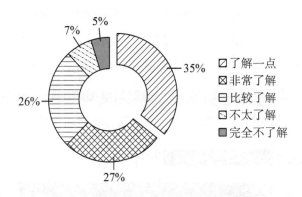

图 1 对服务乡村研学旅行的了解程度

2. 对服务乡村研学旅行的了解途径

如图 2 所示，大多数的受访者通过校园宣传、家乡推广、政府部门宣传的途径了解到乡村研学旅行，通过其他渠道了解的人数较少。由此可知，校园宣传对于增进高校学生对乡村研学旅行的了解起到了较大的促进作用，家乡推广、政府部门宣传也在一定程度上促使人们参与服务乡村研学旅行。后续还可以开展其他宣传推广途径来提高高校学生对服务乡村研学旅行的了解程度。

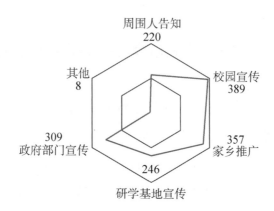

图2　对服务乡村研学旅行的了解途径的人数分布

（注：该图在问卷中为多选题，则人数与问卷数不一致）

3. 对服务乡村研学旅行的关注程度

如图3所示，受访者普遍会关注服务乡村研学旅行，说明乡村研学旅行具备一定吸引力，仍有面向高校学生进一步挖掘市场的空间。可以通过加大线上宣传力度等方式提高知名度，吸引在校学生参与乡村研学旅行。

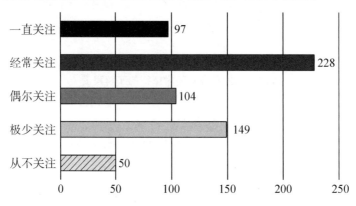

图3　对服务乡村研学旅行的关注程度的人数分布

（二）高校学生对服务乡村研学旅行的参与意愿与需求程度

1. 对服务乡村研学旅行的参与意愿

如图4所示，在受访者中，表示愿意参与服务乡村研学旅行的占75%，不愿意参与的占 25%。由此可见，受访者的参与意愿较高。

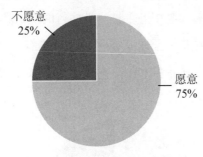

图 4　对大学生服务乡村研学旅行的参与意愿

2. 不愿意参与服务乡村研学旅行的原因

如图 5 所示，在不愿意参与服务乡村研学旅行的受访者中，有 16% 认为研学的环境过于艰苦，有 15% 认为研学基地收费不合理，有 14% 担心研学活动中的安全问题得不到保障，还有部分受访者认为机构提供的生活环境太差、服务太差，比起乡村研学项目更喜欢以玩乐、休闲、放松为主的旅游活动。这说明对于高校学生来说，良好的环境、安全和合理收费是选择服务乡村研学旅行的重要参考因素，高校学生经济实力较弱，研学机构或营地可以采取改善条件、调整价格、提高安全保障等措施，吸引高校学生参与。

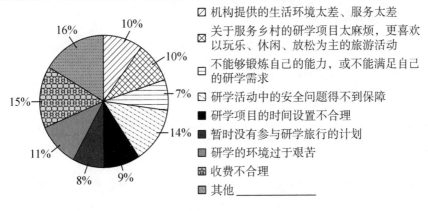

图 5　不愿意参与服务乡村研学旅行的原因

3. 对服务乡村研学旅行的需求程度

如图 6 所示，在愿意参与服务乡村研学旅行的受访者中，仅有 2% 的受访者完全没有服务乡村研学旅行的需求。在受访者普遍有对乡村研学旅行需求的基础上，研学基地应当进一步挖掘和细分高校生的需求，以提供更好的服务。

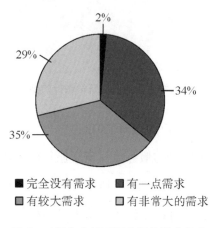

图 6 对服务乡村研学旅行的需求程度

四、政策建议

通过实证研究得出以下结论：

①高校学生服务乡村研学旅行参与意愿和满意度普遍较高，其中愿意参与的占比 75%，多数学生都有参与需求。

②在参与认知方面，双一流高校学生对研学旅行的参与认知度更高。

③在参与需求方面，高校学生服务乡村研学旅行的需求更多在于丰富人生经历以及得到实质性收获。

④在选择偏好方面，安全且收费合理的项目是高校学生服务乡村研学旅行的重要参考因素，并且由于专业原因，高校学生更倾向于选择历史人文类研学基地。

⑤需求度对选择偏好的影响最大（标准化回归系数为0.942）；需求度对认知度影响程度最小（标准化回归系数为0.084）。需求度是影响高校生选择服务乡村研学旅行活动类型的关键因素。

⑥成都市最有潜在参与服务乡村研学旅行意愿的高校学生为课外活动型高校学生，这类学生更倾向于安全保障程度高、收费透明且合理、专业知识关联度高的研学旅行项目。

基于以上调查分析，本文为进一步完善乡村研学旅行服务体系提出以下建议。

1. 构建研学旅行安全责任体系，保障研学旅行运行之基

应由地方政府教育主管部门及文化和旅游局等相关职能管理部门牵头，统筹研学旅行管理相关工作，研学旅行机构、研学旅行机构教师、高校学生、中小学校学生、研学旅行基地、保险公司、当地公安机关等都各负其责，协同构建安全的研学旅行实践环境。作为研学旅行顺利推进的基础要件，开展研学旅行活动安全责任主体是研学旅行机构，应当根据研学旅行课程设置要求，全方位、全流程地做好安全工作，把安全放在首位，针对研学中可能发生的安全问题，编制详细的安全应急预案，并组织演练，保证能快速有效地采取措施，尽量将损失降至最低。强化研学旅行安全教育，并适时进行安全提示，构建起全方位安全管理体系，确保研学活动的安全开展。

2. 完善研学旅行产品质量认证体系，确保研学旅行运行有序

研学旅行市场的良性、有序发展，最根本在于研学旅行产品本身的研发质量较高，以及落实、推进、反馈研学旅行产品不走样。按照寓教于游的理念，鼓励研学机构开发个性化的研学旅行产品或者服务。教育行政管理部门、旅游管理部门应建立行业准入和评估机制，搭建研学旅行资源协同平台，建立研学旅行综合监管机制，针对研学导师组织开展有关研学产品方面的培训，全面提高研学旅行组织方对旅游产业发展方面的认知，努力提高研学旅行活动的组织

水平。开展针对研学旅行承办方的资格等级认证工作，引导和促进高质量研学旅行承办方的孵化和成长，不断提高研学旅行承（办）方的策划、承办水平。

3. 强化资金投入保障，构建稳定投入机制

制定现有研学旅行项目的收费标准，保证收费标准客观公正且公开透明，既能达到确保研学旅行正常推进的最低标准，也要为研学旅行市场进一步发展、完善提供必要支持。研学机构可以有针对性地调整价格，以适应有着不同经济能力的研学旅行参与者。在此基础上，大力推动建立政府、学校、家庭、社会共同承担的研学旅行多元化资金筹措机制，研究将研学旅行经费纳入教育公共经费预算的标准，努力确保高校学生研学旅行经费的基础性投入，确保研学旅行开展的普及性和公益性。除此之外，鼓励社会捐赠、设立高校学生研学旅行基金，制定家庭经济困难高校学生参加研学旅行的认定和减免标准。相关部门可制定有关研学旅行的优惠办法，鼓励多元化研学机构给予参加研学旅行的学生一定优惠。

4. 搭建平台明确政策，鼓励大学生积极参与服务乡村中小学生研学旅行

地方政府教育主管部门及文化和旅游局等相关职能管理部门可搭建平台，畅通机制，对接高校学生服务乡村动机和偏远乡村中小学生研学旅行需求，各方协同创造更多体验项目，吸引高校学生从事乡村研学旅行相关工作，实现就业分流、带动乡村振兴。研学旅行服务提供机构应充分发挥高校在读大学生的专业优势和青春力量，针对不同专业高校生设置符合其专业发展的特定活动项目，并通过提供专业化指导和支持，帮助高校学生系统地学习和应用相关领域的知识和技能，帮助其顺利参与到服务乡村研学旅行中去。真正做到把大学课堂所学的知识与乡村振兴紧密结合起来，在实践中开拓创新，不断提升自身综合素质和竞争力，在研学旅行实践中积累经验、自我成长。

参 考 文 献

［1］温国强，卢瑛琪，陆晓玲.四川全面推进乡村振兴战略的实践、探索与展望［J］.新西部，2023，562（3）：38-41.

［2］廖晓宇.文旅融合背景下德阳研学旅行课程开发及发展对策研究［D］.银川：宁夏大学，2022.

［3］RITCHIE B W. Managing educational tourism ［M］. Multilingual Matters，2003.

［4］LAM J M S，ARIFFIN A A M，AHMAD A H. Edutourism：Exploring the push-pull factors in selecting a university ［J］. International journal of business & society. 2011，12（1）：63-78.

［5］ABUBAKAR M A，BELAL H T S，AKILE O. Motivational factors for educational tourism：a case study in Northern Cyprus ［J］. Tourism management perspectives，2014（11）：58-62.

［6］ANOWAR H B，RABIUL I，CHAMHURI S，et al. Educational tourism and forest conservation：diversification for child education ［J］. Procedia-social and behavioral sciences，2010（7）：19-23.

［7］CORNELIA P，AMELIA M，ANA L，et al. The rural educational tourism at the farm ［J］. Procedia economics and finance，2016（39）：88-93.

［8］孙静.乡村振兴视角的研学旅行课程开发研究：以张家口坝上乡村地区为例［J］.中学地理教学参考，2022（5）：77-78，80.

［9］邓琛，徐燕.乡村振兴视角下高中地理研学课程设计与实施：以"贵

州省福泉市推进产业发展'四双模式'"为例 [J]. 地理教育，2022（S2）：213-215.

[10] 张志磊，杨丽. 乡村振兴背景下的王屋村乡村研学旅行发展研究 [J]. 黑龙江粮食，2022（1）：41-43.

[11] 杨文钰，刘焕庆. 乡村振兴背景下的衡水市冀州区研学旅行初探 [J]. 黑龙江粮食，2021（7）：121-122.

[12] 张启星. 乡村振兴战略下农村研学旅行发展路径研究 [D]. 武汉：湖北省社会科学院，2021.

[13] 陈秋平. 乡村人才振兴视域下新时代耕读教育发展路径新探 [J]. 兰州职业技术学院学报，2022，38（1）：48-50.

[14] 刘颖，孙冉，沈伯雄. 大学生志愿服务助力乡村振兴路径与机制构建探究 [J]. 湖北开放职业学院学报，2022，35（7）：114-115.

[15] 陈琪瑶. 当代大学生服务乡村振兴的现状、问题与对策 [J]. 江苏农村经济，2022（4）：33-35.

[16] 申峻松，赵晓恒，仲崇宇，钱学智，朱永. 新时代大学生志愿服务助力乡村振兴可持续发展研究 [J]. 科教文汇（下旬刊），2021（36）：54-56.

[17] 王金艳. 高校大学生服务乡村振兴战略影响因素及路径研究 [J]. 农村实用技术，2021（8）：1-3.

[18] 吕美籼，吕静. 大学生志愿服务助推乡村振兴战略路径探析：以潍坊市为例 [J]. 法制与社会，2020（16）：170-171.

[19] 李佳玲，康子恬，丛林. 乡村振兴背景下大学生志愿服务助推乡村旅游建设问题研究与路径探析 [J]. 旅游纵览，2022（1）：147-150.

[20] 习近平. 高举中国特色社会主义伟大旗帜 为全面建设社会主义现代化国家而团结奋斗：在中国共产党第二十次全国代表大会上的报告 [J]. 中华人民共和国国务院公报，2022（30）：4-27.

论英语专业大学生研学旅行的
必要性及创新性

杨春花

摘　要

近年来，随着研学旅行的大力开展，众多学者对中小学生的研学旅行进行了多方位、多层次的探讨。这些学术研究与实证探讨为我国中小学生的研学旅行提供了方向性的参考意见和实践指导。反观大学生研学旅行的研究现状，无论是论文发表数量，还是研究内容的广度与深度，都有待进一步加强和推进。从研究对象上来看，大部分研究文献都是以广义的大学生为研究对象，而很少有学者将某专业的大学生作为具体的研究对象。鉴于此，以英语专业大学生为具体的研究对象，从必要性和创造性两个方面来探讨大学生研学旅行的可行性则更具针对性和操作性。

关键词

研学旅行；必要性；创新性；大学生；英语专业

基金项目：四川研学旅行发展研究中心项目——"大学生研学旅行可行性研究"（项目编号：YX22-12）。

作者简介：杨春花，女，西华师范大学外国语学院副教授，文学硕士，主要从事商务英语教学、翻译理论及其实践研究。

一、引言

研学旅行在国内外有着悠久的历史，其主要作用是开阔旅游者的视野，增长知识和丰富阅历。尤其在我国，在春秋战国时期，我国便有游学之风，后来古人一直崇尚"读万卷书，行万里路"，教导读书人要理论结合实际，学以致用。[1]我国的研学旅行强调的是"学在前，游在后"。2013 年 2 月，国务院办公厅印发《国民旅游休闲纲要（2013—2020 年）》，首次提出要"逐步推行中小学生研学旅行"。[2]2016 年 12 月，《教育部等 11 部门关于推进中小学生的研学旅行的意见》中，明确提出要将研学旅行纳入中小学教育教学计划，研学旅行正式成为中小学生的必修课程。

近年来，随着研学旅行的深入开展，中小学生已然成为研学旅行的主力军，而大学生作为研学旅行的生力军却没有受到足够的关注和重视。究其根本，一方面源于大学生自身对于研学旅行的重要性认知不够，另一方面源于大学生研学旅行体系的构架不够完善。针对以上现象，本文拟从大学生研学旅行的必要性及创造性两个方面来探讨大学生研学旅行的可行性，本文主要研究对象是英语专业的大学生。

二、英语专业大学生研学旅行之必要性

在教育教学工作中，体验式教育通过积极开展各级各类教育实践活动，使学生从体验和实践两种途径更有效地理解和掌握课堂所学的同时，也提升了学生的综合素养。行是知之始，知是行之成。研学旅行与英语学习的有效结合，给学生提供了在实际场景中学习英语的机会。在提高英语语言表达能力的同时，研学旅行也开阔了学生的视野和健全了学生的人格。研学旅行将"学与玩"有机结合，增强了学生学习英语的主观能动性，调动了学生的积极性和想象力。这种"以游为学，寓教于乐"的研学旅行不仅适用于中小学生，也同样适用于大学生，但两者的出发点有所不同。对于中小学生而言，研学旅行的主要育人目标在于"立德、启智、悦心、尚美、健体"；对于大学生而言，尤其是英语专业的大学生，研学旅行的主要目标是"掌握技能、传承文化、实现自我、社会交往"。

（一）掌握技能是底色

研学旅行能够培养学生的综合技能，包括增长特定学科知识或培养实践能力等"硬"技能，也包括培养文化素养或形成价值观念等无形的"软"技能。[3]大学生研学旅行不仅可以增进知识、技术与体验的有机融合，还可以让大学生在实践中应用知识，在应用中认识知识的本质。研学旅行的实践性，不仅激发了大学生的学习兴趣，而且为大学生掌握专业技能，达成学科内容目标搭建了一个更好的平台。该平台将课堂与课外、学校与社会，以旅行的形式连接在一起，打破了传统教学纸上谈兵的局限性，为学生营造了实操的真实环境，使掌握技能成为研学旅行的底色。

对于英语学习来说，最重要的就是在真实的情境中了解文化知识，掌握语言应用能力。[4]缺乏必要的英语学习环境是外语习得路上最大的拦路虎。虽然，大部分大学生可以通过教师的情景化教学培养一定的口头交流能力，但在具体的语言交流中仍然存在"哑巴式英语"的现象。这是因为情景教学法也有其自身的弊端，如无法对多义词进行情景创设，部分抽象词汇或句型缺少适当语境支持，情景设计过于重视语言形式而忽视了交际能力的培养等不足。

与课堂情景教学不同的是，研学旅行创设的是真实的语言环境，让学生有机会学有所用、用有所学。研学旅行与英语教学的有机融合创新了体验式学习的模式，是"做中学""教学做合一"等教学理念的必然产物。英语研学旅行通过让学生融入社会，体验语言的实践应用，帮助学生认识和完善对英语知识和英语文化的理解。[5]当英语专业的大学生处于一种便于认知的环境中时，其听、说、读、写能力既是学习的手段，又是学习的内容。英语专业的大学生通过研学旅行首先是掌握了一门外语的听说读写技能，其次是增长了特定领域的学科知识，最后是形成了一定的文化价值观。换而言之，研学旅行培养了大学生的"双重"技能，做到了"软""硬"两手抓。

（二）传承文化是本色

对于研学旅行，国内大部分学者对"教育占有论"持肯定意见，认为教育的实际意义应大于旅游。鉴于此，大多数研学旅行是以爱国主义教育，尤其是红色文化教育为主。红色文化研学旅行是一种新型德育模式，集课程思政和跨学科教学为一体，有助于促进学生思想政治学习和地理核心素养培育的有机融合。红色旅游资源大多是重要的革命纪念地、纪念馆，承载着伟大的革命精神，是革命文化的重要载体。富含红色文化资源的研学教育，既有助于坚定学生的理想信念、爱国之情，也有助于培养学生的社会责任感、创新精神和实践能力。[6]

红色文化研学旅行作为大学生思政教育的载体，对提升大学生思政教育的有效性和构建大学生的文化自信都有着重要的积极作用。文化自信是一个国家和一个政党对自身文化内涵和价值的充分肯定，以及对自身文化生命力的坚定信念。文化自信的培养离不开对革命文化、中华优秀传统文化和社会主义先进文化的传承。在研学旅行的过程中，大学生可以深入了解我国的国情、社情和历史方面的情况，掌握多元的爱国主义知识，从而更有效地创新文化传承的方式。但相关调查显示，大学生对研学旅行的主题需求大多集中在奇特的自然风光、地方美食、地方历史文化、民族风俗风情[7]方面，对红色文化和非物质文化遗产等文化类研学旅行的兴趣度不高。

相较于其他专业的大学生，英语专业的大学生对文化传承的需求会更加强烈。这是因为语言是文化的载体，任何一种语言的学习都离不开对其所承载的文化背景知识的了解。英语专业的大学生在学习英语的同时，也学习了欧美国家的文化。面对中西方文化的不同，有的大学生处于"自卑自弃"的状态，有的大学生则处于"文化自负"的状态。在这两种错误状态下，只有坚定文化自信，才能帮助学生抵制各种错误思潮的影响。那么，文化传承作为研学旅行的本色，赋予了中国特色社会主义文化新的传承方式，让英语专业的大学生有信心做文化自信的传播者和践行者。

（三）实现自我是特色

马斯洛的需求层次论认为，人类的需求层次是由低层次向高层次发展，只有当低层次的需求得到满足，才会产生高层次的需求追求。自我实现是在社交需要和尊重需要获得一定程度的满足后，对实现自我价值的需求。自我实现需要以人作为个体向上发展，充分发挥自身的才能、品质和能力。在大学生六大素养中，自主性是人作为主体的根本属性。自主发展强调的是能有效管理自己的学习和生活，认识和发现自我价值，发掘自身潜力。自我实现是自主发展的最终目标。要达到自我实现，就必须充分自我发展，最大限度地发挥自己的所知、所能和所创。

研学旅行立足于实践体验与生活经验，有机融合了感性知识与理性知识，使个体于自然中认知自我、于社会中塑造自我、于人格化中实现自我。[8]自我实现需求对于年龄段处于 18~22 岁的大学生而言，具体外化为磨炼自我意志、获得成就感、寻找新自我、培养自理能力等方面。[9]当英语专业的大学生走出"象牙塔"，走进社会，在行走中学习，在学习中行走时，通过参与多元化的研学活动，可以锻炼自身的综合素质，提高自身的竞争力和发展潜力。大学生作为社会建设的参与者和社会成果的分享者，他们更期待自身发展和自身诉求的满足。在面对即将进入社会后的就业、住房等压力时，研学旅行可以帮助他们更好地规划职业生涯，践行自我，寻找自我，并实现自我。

研学旅行作为综合实践课程必修课，体现了国家对复合型人才的需求。自我实现作为大学生研学旅行的特色，给予了大学生走出课堂、走向社会的机会，使他们能在实践中验证自己的行动能力、自理能力、认知能力和创新能力，从而重新认识自我和实现自我。

（四）社会交往是亮色

大学生研学旅行不仅是参观体验与研究学习，其旅行中的集体研学还能满足大学生的社交需求和尊重需求。研学旅行为大学生提供了与社会不同领域人群接触的机会。通过参与研学旅行，大学生可以深入了解社会现状和问题，提高自我的社会责任感和公民意识。英语专业的大学生通过与不同国家和地区的人群进行交流、互动，不仅可以了解不同的文化传统和习俗，提高跨文化交际能力，还可以加深对本国文化的认知和自觉，从而坚定文化自信的信念，更好地适应时代和社会的变化。

网络信息化时代，现实中的人自觉或不自觉地被纳入特定的"群"，人们以自身的兴趣爱好、价值取向等为基点形成不同的圈层群体，按照自己所认同、所选择的圈层思维来生活，"人以圈居"逐渐发展成为如今人们日常的生活状态与交流交往方式。[10]面对目前大学生交往的圈层化困境，研学旅行可以拓展大学生的交往范围，打破以圈层文化为主的社交网络化带来的信息渠道的封闭和交往范围的分离。研学旅行活动的集体形式要求参与者在有效交流的基础上积极地相互配合。由于沟通和交流的机会增多，产生误解和冲突的可能性就相对降低。随着良好社交关系的建立，大学生可以互相交流思想和经验，彼此取长补短，促进自我完善。

社会交往作为研学旅行的一抹亮色，它赋予了当代大学生表达自我的能力、人际融合的能力和解决问题的能力。对于英语专业的大学生而言，研学旅行中的社会交往赋予了他们用外语讲好中国故事的能力、用外语搭建中外交流平台的能力和解决跨文化交际事务的能力。

从以上四个方面的分析，我们可以看到研学旅行在培养大学生的文化基础、自主发展和社会参与三个方面发挥着不可替代的作用，是培养"全面发展的人"的进程中不可或缺的一环，是英语专业大学生成长为德智体美劳全面发展复合型人才的一块基石。通过研学旅行，大学生不仅进一步掌握了专业技能，学习并传承了文化，还实现了自我成长，提高了社会交往能力。因此，研学旅行对于大学生而言不是一门可有可无的选修课，而是一门不可或缺的必修课。

三、英语专业大学生研学旅行之创新性

伴随着研学旅行政策的推进落实，关于中小学生研学旅行的研究已硕果累累，但大学生研学旅行的研究却处于离散程度高、缺乏系统性的状态。理论研究的薄弱进一步固化了大学生研学旅行活动的设计和实施。与中小学生相比，大学生在生理和心理上都更加成熟，对研学旅行的动机驱动、研学基地类别和产品的要求也有所不同。大学生研学旅行是一个集体验、认知、研究、服务于一体的过程。如果一味地照搬中小学生研学旅行的模式，而忽视研学主体在主观和客观上的不同，那么研学旅行的教育意义就会大打折扣。针对目前研学旅

行中"行而不学，旅而不研"的现象，大学生研学旅行可以从以下三个方面进行创新。

（一）研学内容的创新：以学为本，寓学于研，以研促学

研学的首要目的是教育，这与普通的"俗游""踏青""秋游"等传统游学活动有着本质区别。研学旅行的本质属性是一种探究性的学习，"游"是途径和载体，"学"才是研学旅行的核心。大学生研学旅行首先是要防止"到此一游"的现象，其次是避免"重形式展示，轻研学体验"的倾向，最后是杜绝"重旅行活动，轻探究成长"的产生。培根说过，对青年人来说，旅行是教育的一部分。如果研学旅行仅仅是停留在浅层的"这里我来过"的认知层面是悲哀的、无知的，对于大学生来说，旅行应当赋予教育的意义。[11]唯有在研学旅行中，以学为本，寓学于研，以研促学，才能培养大学生的自主学习习惯，培养其追因寻果的思维品质，成就学习型社会。

随着科学技术的日新月异，知识的不断更新，学习不再是一劳永逸的事情。建设学习型社会倡导人人必须终身学习，而自主学习是提升学习者终身学习能力的有力保障。在学习型社会里，学习不仅是求生的手段，还是一种自我价值实现的需要。只有具备了终身学习的理念，较强的自我学习和研究的能力，才能应对新知识和新环境的挑战。研学旅行的开展为营造学习型社会风气搭建了新的平台，为大学生通过自主学习成为"学习研究者"提供了演练的场所。作为"学习研究者"，意味着学习者能够自觉发掘和追求学习的多方面和深层次价值，主动开展学习活动并创造相应的有效学习方法。这样的学习者，其学习活动是研究型的，能边学习、边反思、边改进，积极开发与运用学习资源，创造性地解决学习活动中遇到的问题，并不断优化学习活动的体验与结果。[12]

根据教育部在 2017 年 10 月发布的《中小学综合实践活动推荐主题汇总》和《考察探究活动推荐主题及其说明》，国家对中小学研学旅行活动的设置主要固定为考察探究活动、社会服务活动、设计制作活动、职业体验活动这四大

类。[13]对于大学生而言，考察探究活动和职业体验活动所带来的研究和实践新视角更有利于提升其自主学习和研究的能力。但与中小学研学旅行活动不同的是，大学生的考察探究内容不仅包括地理类、文化类、革命传统等专题，还涉及专业性的考察学习内容；大学生的职业体验内容不仅需要了解某职业的工作流程、工作特点等常规知识，还需要探索该职业的专业特殊性、潜在危机、职业前景等内容。因此，高校应该鼓励大学生尽量参加与本专业相关的研学旅行，如学术研讨类研学活动、企业考察、短期顶岗见习等研学旅行活动。

具体而言，英语专业的大学生可以通过以下考察探究活动和职业体验活动做到以学为本、寓学于研、以研促学：首先，在做地理类、文化类的考察探究活动时，英语专业的大学生需要学习并积累相关领域的对应英文表达方式，拓展英语专业词汇，提高英语语言表达能力，并通过讲座、观摩、研修、讨论、微课等活动，提升自主学习和研究该领域的能力，从而达到一定的语言目标、学科内容目标和非语言能力目标，成长为学习型人才，肩负起建设学习型社会的重任；其次，在从事和英语专业相关的教育、导游、商务、文化等领域的职业体验活动时，英语专业的大学生需要在体验中将学校所学专业知识学以致用，并积极主动地探究该领域的相关学术问题，从实践出发，以研究为导向，将理论与实践有机整合，从而提高自身的综合专业素养和科学研究能力。

简而言之，大学生研学旅行的内容应该是多主题、多渠道和多方位的实践体验活动，而大学生研学旅行的主要目标是让学生把在校所学知识用于发现问题、提出假设、设计方案、解决问题，从而为新一轮的学习打下扎实的实践基础。大学生研学旅行活动只有以学为本、寓学于研、以研促学，才能更好地发挥研学旅行作为课外科学研究活动的重要作用。

（二）研学形式的创新：线上指导与线下实践相结合

研学旅行作为一种重要的校外综合实践活动，促进了正式学习与非正式学习间的融合。正式学习是"典型的制度化、基于课堂高度结构化的"，而非正式学习则"可能制度化出现，但不是通常发生在教室的或高度结构化的，而且主要是学习者自己控制学习".[14]从以上定义来看，研学旅行属于非正式学习范畴，研学旅行与课堂学习的融合，使泛在学习成为可能。作为一种新型的学习理论体系，泛在学习的实现需要综合运用多方面的资源优势，尤其是数字化技术环境、数字化学习资源、复合教学模式和灵活学习支持服务等资源的支撑。随着互联网技术的迅速发展，互联网已成为人们生活和工作不可或缺的一部分，同时也为泛在学习营造了理想的普适学习环境。大学生通过互联网获取知识的途径更加便捷，信息获取源也更加丰富。互联网为广大民众搭建了多元化的平台，满足了人们居家完成工作和学习任务的需求，进一步推进了泛在学习成为未来主流学习方式的进程。

在泛在学习环境下，学习是一种自我导向的过程。那么，基于泛在学习基础上的研学旅行活动，就为线上指导与线下实践的结合创造了充分的实施条件。在传统的研学旅行模式中，学校和研学单位的沟通与合作主要是面对面进行的，因此沟通频率和合作的效果往往会受到时间和空间的限制。互联网与研学旅行的融合，不仅打破了时空的限制，还有效提升了大学生的个人学习能力，丰富了学生的学习方式，推动了校企合作模式的创新。网络直播、云课堂、线上参观博物馆等新型研学活动方式也应时而生，为广大学生创造了新的研学旅行平台，创新了研学旅行的模式。

鉴于学校主要是以讲授理论知识为主，而企业主要是以传授实践经验为强项，线上指导应以学校为主导，而线下实践则由企业来牵头。在整个研学过程中，学生可以在互联网上实时跟进研学的进度，不受时间、空间的限制，畅享学习的自由，也可以在研学实践中随时与企业导师沟通，及时发现自身的不足，获取第一手的实操信息反馈。线上与线下的结合既是理论与实践的结合，也是学校与企业的整合。这一研学模式为更多的学生提供了进入研学企业的机会，提高了学校的就业率，减轻了大学生的就业压力。

对于英语专业的大学生而言，线上和线下相结合的研学模式，体现了研学旅行的开放性特征和发展性特征。与其他专业的大学生相比，英语专业的大学生有更多的机会走出国门，走向世界。该研学模式让英语专业的大学生可以跨越时空和地域的限制，与海外的导师顺利交流，从而在更广大的空间体验中西方教学、工作的文化差异，拓宽自己的视野和加强对本国文化的理解。具体而言，英语专业的大学生一方面可以在线上与海外导师合作开展跨文化交流研学项目或者海外带薪见习研学项目，另一方面也可以聆听线下校内导师的指导意见，从事相关线下研学实践活动，从而积极参与到海内外研学项目中，体验中西方思想的碰撞，形成多元化的思维，开展多维度的研究。

由此可见，线上指导与线下实践相结合的模式打破了传统研学旅行模式的局限，丰富了研学旅行内容，加深了校企和中外之间的合作力度，提高了研学旅行目标的达成度，是一种具有积极意义的创新。对于英语专业的大学生而言，该模式为他们创造了更多的研学机会，打破了研学的地域局限，拓宽了研学的范围，使泛在学习成为一种常态。

（三）研学机制的创新：以学校为主导，学生为主体，校企合作为依托

研学旅行具有一定的专业性和社会性，其实施需要多部门、组织的协调联动。学校是研学旅行的具体组织者和实施者，学生是研学旅行的主体和直接参与者，企业是研学旅行的服务者和实施者。这里的企业泛指一切研学旅行承接单位，包括旅行社、学校、非营利性社会机构、各类企业等。研学旅行的顺利开展，需要学校、学生、企业三方的通力合作。

在研学旅行活动的具体实施中，由于部分高校的"失位"，大部分研学旅行的活动设计把重心放在了如何达成研学旅行的目标上，而忽视了对研学目标完成度的评价。在研学旅行结束后，大学生往往只需要写一篇感想就可以作为对本次研学旅行的评价，而高校作为组织者和实施者却未能及时运用大学生的评价进行后续的教育引导，造成了研学旅行的"旅而不研"。另外，部分高校

对研学旅行的推广不足，导致大学生对研学旅行的认知度较低。高校对研学旅行的不重视弱化了研学旅行的实践地位，取而代之的却是社会实践、志愿服务和课外调研等活动。以上"失位"现象在一定程度上影响了大学生研学旅行的全面开展。

学生是研学的主体和直接参与者，也是研学旅行活动的主要反馈者。研学旅行活动的设计应该以引导学生发挥主观能动性和提高学生体验性和参与度为导向。与中小学生相比较，大学生已具备较成熟的思考能力和自我认知能力。因此，研学活动的设计可以采用学生参与、学校主导、专家建议的模式。大学生参与研学活动的设计不仅可以激发学生的参与热情和积极性，而且能使得研学活动更好地满足学生的个性化需求。如果研学活动的设计没有考虑到对学生的吸引程度，不符合学生发展需求，那么研学旅行就会出现"行而不学""游有余而学不足"的现象。可见，大学生在研学旅行中的主体地位不仅体现在研学中期的具体实践过程中，而且体现在研学活动前期的设计中。

以学校为主导，学生为主体的研学旅行，如果没有以校企合作为依托，将是无源之水、无本之木。研学旅行作为教育和旅游的交叉产品，既需要学校的主导，又需要研学承接单位的支撑。研学实训基地是校企双方相互支持，实现资源共享、优势互补的重要平台。[15]学校一方面需要借助企业为研学旅行提供体验学习、生活的情境和场所，另一方面也需要警惕研学承接单位的负向裹挟风险，以确保研学旅行的组织和实施沿着正确的轨道开展。企业的商业化和逐利特征会对研学旅行的教育性和公益性带来一定的风险。目前研学市场普遍存在研学产品娱乐性高于教育性，以及部分企业打着研学的旗号，实则进行传统消费旅行等问题。

针对于研学旅行涉及的相关群体，首先明确辨析其所在行业，了解其行业标准，结合学生这一特殊群体，明确在研学旅行过程中各方应该承担的责任以及提供设施与服务的标准。[16]其次，高校应在依托校企合作共建研学旅行基地的同时，加强监督与引导，积极参与到具体的研学旅行实施中，协助企业形成规范和标准，制定合理的研学旅行组织指南和服务标准，有效提高校企合作的效率，减少校企合作的冲突，充分发挥地方高校服务地方经济的作用，为大学生打造一个优质的研学旅行实施环境。

随着大学生研学机制的不断完善，以学校为主导、学生为主体、校企合作为依托的研学机制不仅可以避免仅以旅行社或者学校为主导这两种研学机制的片面性，而且能更好地整合多方资源，做到自上而下、由内向外地全面保障研学旅行的顺利开展和实施。

综上所述，目前我国的大学生研学旅行仍然处于初级阶段，研学内容的设计存在一些不合理的地方，研学机制不够完善，研学模式也有待进一步创新。面对以上挑战，大学生研学旅行不仅需要考虑到大学生与中小学生的不同，还需要结合大学生的专业性来设计相关研学旅行活动。大学生研学旅行活动的实施应以大学生的自主发展和自我实现为导向，注重对大学生创新精神和实践能力的培养。换而言之，依托以旅行为载体的研学活动培养大学生的核心素养，离不开以研促学的内容导向，离不开研学模式的创新，也离不开校企合作的支撑。

四、结束语

研学旅行是一种将学校教育与社会实践无缝连接的途径。作为我国教育的新生事物，大学生研学旅行在各方面仍处于研究探索阶段。部分高校在实施研学旅行课程的时候，由于研学内容、研学模式的设置不当，削弱了研学主体达成研学目标的能力与成效。研学反馈机制的缺失和研学市场的不规范进一步加剧了大学生研学旅行的困境。唯有加强理论层面的研究，明确大学生研究旅行的必要性和方向性，并在实践层面创新大学生研学旅行的开展模式、健全研学机制，才能让大学生研学旅行走出困境，为建设学习型社会充分发挥研学旅行的教育实践意义。未来的大学生研学旅行不仅需要加强研学内容的多样性和专业性，还应注重研学主体自主性的发挥，并建立健全大学生研学旅行的保障和实施机制。

参考文献

［1］刘蜀风，汪静. 成都市大学生研学旅行需求的调查分析［J］. 经济研究导刊，2020（36）：122–124.

［2］王耀芬. 大学生英语旅学研究［J］. 疯狂英语（双语世界），2016（1）：99–101.

［3］赛妍嫣，王镜，张志民. 教育旅游的国内外研究进展［J］. 地理教学，2022（3）：55–60.

［4］刘晶. 研学旅行课程中英语口语交际能力的培育和应用探究［J］. 品位·经典，2022（9）：142–145.

［5］康红兵. 高中英语研学旅行课程的实质、误区及实施策略［J］. 教育导刊，2018（11）：55–59.

［6］孙立华. 对红色文化研学融入高校学生党建工作的思考［J］. 渤海大学学报（哲学社会科学版），2020（4）：47–50，62.

［7］张岱楠，罗瑞琦，马志鹏. 大学生研学旅行市场需求研究：以重庆市为例［J］. 经济研究导刊，2017（1）：165–69.

［8］宋晔，刘清东. 研学旅行活动的教育学审视［J］. 教育发展研究. 2018（10）：15–19.

［9］张鑫，冯庆，苏托兄，等. 基于大学生群体视角的地理研学旅行动机类型及差异性研究 ［J］. 地理教学，2022（15）：55-59，64.

［10］张铨洲."入世与出世"：青年群体网络"圈层化"的困与策 ［J］. 中国青年研究. 2022（3）：89-94，43.

［11］黄莉敏，王阔，陈悦凯，等. 大学生研学旅行的学理基础与地学科普的使命 ［J］. 地理教学，2019（5）：24-28.

［12］曾文婕，漆晴，宁欢. 我国"基本形成学习型社会"还有多远：基于我国学习型社会研究（1998—2018 年）回顾 ［J］. 现代远程教育研究，2019（3）：57-69.

［13］王坤. 大学生旅行市场分析 ［J］. 合作经济与科技，2022（13）：96-97.

［14］亓玉慧，段胜峰. 基于无缝学习的研学旅行模式探究 ［J］. 现代大学教育，2020（5）：102-109.

［15］林美淇，赵湘军，叶全全，等. 校企合作视域下旅游管理专业本科生的研学导师培养分析 ［J］. 漫旅，2022（6）：38-40.

［16］赵超越，伍嘉茵，徐嘉剑，等. 产教融合视角下研学旅行发展研究 ［J］. 合作经济与科技，2021（13）：17-19.

研学旅行中"思想道德与法治"课在大中小一体化实践育人中的价值研究

熊英　林晓燕　刘通

摘　要

"思想道德与法治"课的教学目标是为了提升大中小学生的思想境界、道德修养，为党育人、为国育才。基于对"思想道德与法治"课教学实践的思考，本文从三个方面，即研学旅行的内涵和实践价值、在大中小学"思想道德与法治"课程中制定研学旅行实践教学课程实施方案，以及研学旅行实践教学课评价体系三个方面进行论述，探索通过研学旅行实践课的课前、课中、课后的教学构建，改变传统的研学模式，助力有关机构开发出以教材为基础、教师为主导，学生为主体、研学旅行地为载体的积极的研学实践活动，从而进一步提高思政研学旅行的有效性，探索构建大思政课的研学旅行教学实践模式。

关键词

研学旅行价值；研旅实践教学课程构建；研旅实践教学课程评价

基金项目：四川研学旅行发展研究中心项目——"研学旅行中'思想道德与法治'课大中小一体化实践育人价值研究"（项目编号：YX22-32）。

作者简介：熊英，女，成都工业职业技术学院副教授，学士学位，主要从事思政教育研究；林晓燕，女，成都工业职业技术学院助教，硕士学位，主要从事党政、思政、现代治理研究；刘通，男，成都工业职业技术学院讲师，在读博士，主要从事文学艺术研究。

一、研学旅行的内涵和价值

（一）研学旅行的内涵

研学旅行的内涵有广义和狭义之分。广义的研学旅行是指以研究性、探究性学习为目的一种专项旅行，是旅游者出于对文化求知的需要，暂时离开常住地，到异地开展的文化性质的旅游活动。狭义的研学旅行则是特指由学校组织、学生参与的以学习知识、了解社会、培养人格为主要目的的校外考察活动。从官方的发文来看，2017 年 3 月教育部基础教育一司发布的《关于进一步做好中小学研学旅行试点工作的通知》中，将研学旅行定义为：面向全体中小学生，由学校组织安排，以培养中小学生生活技能、集体观念、创新精神和实践能力为目标，通过集体旅行、集中食宿的方式开展的一种普及性教育活动，是加强和改进未成年思想道德建设的重要举措，是推动学校教育和社会实践相结合、全面推进素质教育的重要途径，重点突出全员参与、集体活动、走出校园、实践体验。[1]

（二）研学旅行的理论意义和实践价值

1. 理论意义

2023 年 1 月 2 日，教育部党组书记、部长怀进鹏在《学习时报》头版撰文《加快推进教育高质量发展 奋力谱写贯彻落实党的二十大精神教育华章》，文章指出："坚持育人的根本在于立德，培养担当民族复兴大任的时代新人。落实德育为先，坚持不懈用习近平新时代中国特色社会主义思想凝心铸魂、用社会主义核心价值观铸魂育人。扎实推进习近平新时代中国特色社会主义思想和党的二十大精神进教材、进课堂、进头脑，将党的二十大精神有机融入思政课教学和专业课教育教学。完善思想政治工作体系，推进大中小学思想政治教育一体化建设。"[2] 当前，全面推进大中小学思想政治教育一体化建设，开展"大思政课"已经是时代呼唤、大势所趋，已成为促进大中小学生增强社会主义核心价值观、社会责任感、社会实践力的重要途径，也是开展生动、鲜活、"接地气"的"大思政课"的重要手段，所以研学旅行活动，尤其是红色文化的研学旅行活动很早就在国家规划之中。国家早在 2013 年就出台了许多关于促进研学活动、提高素质教育方面的文件。比如，国务院办公厅印发的《国民旅游休闲纲要（2013—2020 年）》，要求"逐步推行中小学生研学旅行"；高校甚至可以结合实际调整假期，"实行减免门票等优惠政策"[3]。2015 年 8 月，国务院办公厅发布《关于进一步促进旅游投资和消费的若干意见》，提出要"支持研学旅行发展。把研学旅行纳入学生综合素质教育范畴"。2016 年教育部在《关于推进中小学研学旅行的意见》明确"把研学旅行纳入学校教育教学计划"，并将之置于落实立德树人教育任务的战略新高度[4]。2017 年 10 月 18 日至 10 月 24 日在北京召开党的十九大强调了"落实立德树人根本任务，发展素质教育"。习近平总书记多次强调"思政课不仅应该在课堂上讲，也应该在社会生活中来讲"[5]"要高度重视思政课的实践性，把思政小课堂同社会大课堂结合起来"[6]。2019 年 3 月 18 日，习近平总书记在学校思想政治理论课教师座谈会上强调，"办好思政课，最根本的是要全面贯彻党的教育方针，解决好培养什么人、怎样培养人、为谁培养人这个根本问题"。在推动思想政治理论课改革创新，不断增强思政课的思想性、理论性和亲和力、针对性方面，习近平总书记提出了"八个统一"的要求：政治性和学理性相统一、价值性和知识性相统一、建设性和批判性相统一、理论性和实践性相统一、统一性和多样性相统一、主导性和主体性相统一、灌输性和启发性相统一、显性教育和隐性教育相统一[7]，习近平总书记提出的"八个统一"的要求，指明了思政课创新改革方向。2022 年 7 月 25 日，教育部等十部门印发《全面推进"大思政课"建设的工作方案》（以下简称《方案》），在《方案》的第三部分"善用社会大课堂"中第 10 条中明确指出："教育部会同有关部门，利用现有基地（场馆），分专题设立一批'大思政课'实践教学基地。发挥好教育部高校思政课教师研学基地的实践教学功能。各地教育部门要结合实际，积极建设'大思政课'实践教学基地。大中小学要主动对接各级各类实践教学基地，开发现场教学专题，开展实践教学。有条件的学校可与有关基地建立长效合作机制，加强研究和资源开发。各基地要积极创造条件，与各地教育部门、学校建立有效工作机制，协同完成好实践教学任务。"[8]所以全面推进"大思政课"已经是新时代思政课教学改革的必然趋势，同时也是贯彻落实党和国家教育方针的重要体现。提高"思想道德与法治"课的时效性是一个系统工程，不仅需要充分利用好第一课堂教学方面的知识点、线、面的灌输，更需要作为思政课第一责任人的一线思政教师在思政教学实践课的设计中，注重开发以学生为中心的第二课堂和第三课堂，充分让学生动起来。研学旅行的本质上仍属于教育活动的范畴，它旨在为学生提供"经验重构"的机会，因为"只有在经验中，任何理论才具有充满活力和可以证实的意义"[9]，"纸上得来终觉浅，绝知此事要躬行"。作为大中小学思政教师应该积极贯彻《方案》的精神，根据大中小学"思想道德与法治"课的课程目标的要求，设计主题旅游线路，把红色研学游与传统文化游、历史古迹游、乡村旅游、生态旅游等有机结合起来，让大中小学生通过小组合作式、沉浸式、互动式的研学旅行实践全面了解国情、省情、民情，打破课堂边界，让学生充分动起来，这样既可以贯彻落实国家的教育方针，还可以全面提升学生综合素养，实现研学旅行的目的。

2. 实践价值

习近平总书记在党的二十大报告中强调"育人的根本在于立德"。习近平总书记还多次强调"思政课是落实立德树人根本任务的关键课程，思政课作用不可替代"[6]，在实施过程中要"把思政小课堂同社会大课堂结合起来"，教育引导学生"立鸿鹄志，做奋斗者"[6]。"思想道德与法治"课程的中心任务就是培养德智体美劳全面发展的社会主义建设者和接班人，要让大中小学生树立正确的人生观、世界观和价值观。围绕"立德"两个字，"思想道德与法治"课除了教学主课堂以外，还应该在教学实践课堂中用好身边的研学旅游资源，特别是红色旅游资源，强化学生在实践中学真知、悟真谛，形成课堂教学、网络教育、社会实践多位一体的育人格局。笔者所在的成都就是一个具有 2 000 多年历史的文化名城，目前成都市级以上的文物保护单位就有 216 处之多，文化资源有大家熟知的金沙文化、巴蜀文化、三国文化、天府文化，旅游资源有青城山、都江堰、四川保路运动史陈列馆等。四川省首批的 112 个中小学红色教育研学实践基地中，成都市就有 11 个。2021 年由中共成都市委、成都市人民政府命名的成都市市级爱国主义教育基地有 31 个。[10]这些丰富的历史文化资源和红色旅游资源都为成都大中小学"思想道德与法治"课教师推进大中小学思想政治教育一体化建设，打造红色研学实践课提供了坚实的基础，也为大中小学"思想道德与法治"课教师从教学对象的不同年龄、学历层次、学生身心特点和思想实际出发，把思想政治教育"小课堂"与研学旅游的社会实践"大课堂"贯通起来提供了多样的选择。

（1）价值认同

在大中小学"思想道德与法治"课教学实践中，重点打造以红色研学为主的研学旅行实践课是契合党的战略目标的，培养什么人是教育的首要问题，也是思政课的核心问题。古人云："国有贤良之士众，则国家之治厚；贤良之士寡，则国家之治薄。"新时代对思政课教师的基本要求就是牢记"四个服务"、树立"四个意识"、坚定"四个自信"、做到"两个维护"，在思政课程中要注重大力弘扬红色传统、传承红色基因，赓续共产党人精神血脉，坚持立德树人，培养一代又一代拥护中国共产党领导和我国社会主义制度，立志为中国特色社会主义奋斗终身的有用人才。2022年4月21日，教育部印发的《义务教育课程方案和课程标准（2022年版）》，育人目标更加系统明确，彰显了国家意志。该标准突出实践育人，强化课程与生产劳动、社会实践相结合，强调知行合一，倡导做中学、用中学、创中学，注重引导学生参与学科探究活动，开展跨学科实践，经历发现问题、解决问题、建构知识、运用知识的过程，让认识基于实践、通过实践得到提升，克服认识与实践"两张皮"的现象[11]。基于新课程标准，一线思政教师要有强烈的使命感，有责任和义务去主动学习、理解、实践、运用新修订的《义务教育课程方案和课程标准》，在教学中要积极主动地调整教学设计、创新教学方法，适应并投入新课标。

（2）情感认同

大中小学"思想道德与法治"课是落实立德树人的关键课程，不能"曲高和寡"，要使思政课入脑入心不容易，贵在"润物无声"。"思想道德与法治"课的温度不仅仅在课堂的"听"，关键还在于"看"与"感悟"，所以思政教师要充分利用所在地的文化旅游、乡村旅游、红色旅游等资源，以研学旅行方式让学生走向社会，学有所思、学有所悟。例如，位于成都天府新区煎茶街道老龙村9组的天府微博村，就是一个"生态、文态、业态、形态"四态融合的乡村公园，也是新时代乡村振兴的一个典范。老龙村9组曾经是相对贫困村，全村共有 34 户，其中有 32 户土坯房确定为 D 级危房，现在经过改造的 34 户农民的新居被清澈的河湖、葱郁的绿植环绕，曾经的"土坯房"变"田园驿站"，"杂树"变"乡村大树"，水沟"变"公园湿地"，"田坎"变"田园绿道"，森林覆盖率增加了 30%，最终实现"农村"变"景区"。在天府微博村的核心区有一座精致的"三农"博物馆，这是目前全国唯一一座以中央一号文件为脉络的主题博物馆，博物馆记录了乡村振兴的过去、现在以及对未来的畅想，还打造了 4 个乡间主题年代体验馆，分别对应 20 世纪的 50 年代、60 年代、70 年代和 80 年代，通过展示各年代的老物件，还原每代人的记忆。大中小学生来天府微博村进行研学都会有不同的体验和情感收获。比如，大学生们在体验馆可以用眼睛去发现中国精神，用内心感应时代脉搏，把爱国、爱党、爱社会主义的情感贯穿研学全过程，深刻感悟"中国共产党为什么能、马克思主义为什么行、中国特色社会主义为什么好"。大学生通过参观"三农"博物馆，还可以结合大历史观把一个小村庄的变化同中华文明史、世界社会主义史、中国人民斗争史、中国共产党奋斗史、中华人民共和国发展史、改革开放实践史结合起来，产生情感共鸣。中学生可以在博物馆看到"老龙大队部办公室""毛主席著作诗词像章馆""供销社代销点""赤脚医生医务室""打米房"等场景，能够身临其境地感受到二十世纪五六十年代的浓厚气息。从博物馆中展示的黑白照到彩色照，以及展示的粮票、布票、肉票、糖票等，仿佛让学生"穿越"到 70—80 年代，感受到当时的生活气息，更加能够感悟新时代的含义，深刻体会到习近平总书记的"奋斗幸福观"——世界上没有坐享其成的好事，要幸福就要奋斗，幸福都是奋斗出来的。梨是天府微博村里主要的经济作物，小学生可以通过认养老龙村的梨树、开展农耕体验等活动，从小树立劳动最光荣的理念，并在绿水青山的村庄游玩中感悟到幸福与美好。像天府微博村这种美丽如画的乡村成都还有很多，如成都市天府新区籍田镇、尖山村、三根松社区、南新村、战旗村，等等。此外成都市区还有许多文博馆所、红色教育基地、科普场馆、动植物园、知名高校等，都是开展研学实践活动的好地方。中国人民教育家陶行知主张"生活即教育""行是知之始，知是行之成"。2022 年 4 月，习近平总书记在中国人民大学考察调研时强调，广大青年要"用脚步丈量祖国大地，用眼睛发现中国精神，用耳朵倾听人民呼声，用内心感应时代脉搏，把对祖国血浓于水、与人民同呼吸共命运的情感贯穿学业全过程、融汇在事业追求中"[12]。只要思政教师在组织研学旅行时把贴近学生、贴近生活，贴近社会的"三贴近"原则真正地落到实处，那么在每一次研学实践活动中，不同年龄、不同层次的学生都可以得到不同的情感收获。

（3）知识能力培养

美国教育家希尔伯曼在《积极学习：101 种有效教学策略》说过，对于我听过的东西，我会忘记；对于我听过和看过的东西，我会记得一点，有 20%～30%的效果；对于我听过、看过并问过问题或与人讨论过的东西，我会开始理解，有 70%的效果；对于我听过、看过、讨论过并做过的东西，我会从中获得知识和技能，有 80%的收获；对于我教过别人或在别的场合多次应用过的东西，我会掌握它，能达到 90%的收获[13]。我国自古就有"读万卷书、行万里路"的理念，研学旅行已成为素质教育、实践教育的一种新方式。有计划、有目的、有组织地进行研学旅行，可以实现"体验教育+探索性学习"的结合，就能更好地弥补课堂教学中"行"的缺失，有利于夯实学生的文化基础，促进学生自主发展，推动学生参与社会实践，进而实现素质教育的目的。要贯彻落实教育部印发的《义务教育课程方案和课程标准（2022 年版）》，最有效的途径就是突破单一的课堂教学，增进和强化第二课堂或者第三课堂，即注重通过研学实践课来强化理论知识，增进对学生能力的培养。比如在设计与大中小学"思想道德与法治"课课程目标相关的研学项目中，无论主题是红色研学游还是乡村旅游、生态旅游、中国传统文化游、历史古迹游，都必须强化学生参与程度，突出学生的主角地位，以任务的形式让学生自主查资料、自主分组、自主选择任务汇报方式，并强调过程评价，这样不仅可以激发学生的内在学习的动力，还可以培养学生的创新思维能力。

（4）品格塑造

在大中小学"思想道德与法治"课程中推进研学旅行实践课，可以让学生通过实践体验潜移默化地形成高尚品格，践行社会主义核心价值观，促进身体和心灵的共同成长。全国各省的教育厅都先后出台了许多和研学旅行相关的地方性法规，如2021年6月四川省教育厅等14部门发布了《关于进一步推进中小学生研学的实施意见》（以下简称《意见》）。《意见》指出，要加强研学旅行基地和课程建设，提升产品品质，严格执行研学旅行基地创建评审标准，做优研学旅行实践课程和教材；形成部门协同合力，促进快速发展。中小学各学段研学旅行实践一般安排在小学四、五、六年级，初中一、二年级，高中一、二年级。学校按照"小学不出市（州）、初中不出省（成渝地区双城经济圈除外）、高中不出境"的原则，每学年组织安排1~2次研学旅行实践活动。研学旅行实践尽量避开旅游高峰期。[14] 最好的课堂永远在现实社会，为了丰富教育性、实践性和创新性，鼓励大中小学生走出校园，了解社会，亲近自然，参与体验。国家和政府无论在政策上还是在研学旅行基地的服务提升、产品研发等工作方面都为大中小学生的研学旅行提供了有力的支持保障。特别是红色研学旅行的开发利用对大中小学生的人生观、世界观、价值观具有较好的作用。充分利用好身边的红色资源，讲好红色故事，让英雄人物的事迹穿越时空，走进青少年的灵魂，产生心灵共鸣，才能赓续红色基因。

二、在大中小学"思想道德与法治"课程中制定研学旅行实践教学课方案，促进知行合一

新课改对教学界定是：教学是教与学的交往、互动，师生双方相互交流、

相互沟通、相互启发、相互补充。教与学永远是教师和学生相互作用的统一活动，研学旅行实践教学课是"思想道德与法治"课程的课堂延伸，同样离不开教与学的双向活动。更何况大中小学"思想道德与法治"课程中的研学旅行实践课毕竟不是一场说走就走的旅行，而是要达到研学归来，既使教师完成了教学目标，又让学生能够理论联系实际、产生感悟。为了避免研学旅行出现流于形式的"体验性"匮乏，甚至陷入"只旅不学"或"只学不旅"的尴尬境地，大中小学"思想道德与法治"课程中的研学旅行实践课的教学方案就要设计以教材为基础、以教师为主导、以学生为主体、以研学旅行地为载体的积极的研学实践活动，让学生主动地、能动地、有计划和准备地参与到整个研学旅行实践过程中。以下就从大中小学"思想道德与法治"课程研学旅行实践教学课的构建依据、构建基础以及构建途径三个方面来进行具体阐释，旨在探索提高研学旅行实践课的有效性。

（一）大中小学"思想道德与法治"课程中研学旅行实践教学课的构建依据

　　思政教师是研学旅行实践课的主体即是第一组织者和设计者，思政教师的研学教学实践的设计对整个研学旅行的实施和实施后的效果都起着重要的作用。为了达到研学教学实践的预期目的，思政教师在研学旅游教学实践课设计的时候，首先要学习贯彻国家在思政课教学改革创新方面的相关政策。2019 年 8 月 14 日，中共中央办公厅、国务院办公厅印发了《关于深化新时代学校思想政治理论课改革创新的若干意见》，并发出通知，要求各地区各部门结合实际认真贯彻落实。在通知的第四个部分"整体规划思政课课程目标"中明确提出："大学阶段重在增强使命担当，引导学生矢志不渝听党话跟党走，争做社会主义合格建设者和可靠接班人。高中阶段重在提升政治素养，引导学生衷心拥护党的领导和我国社会主义制度，形成做社会主义建设者和接班人的政治认同。初中阶段重在打牢思想基础，引导学生把党、祖国、人民装在心中，强化做社会主义建设者和接班人的思想意识。小学阶段重在启蒙道德情感，引导学生形成爱党、爱国、爱社会主义、爱人民、爱集体的情感，具有做社会主义建设者和接班人的美好愿望。"[5]2020 年 12 月 18 日，中共中央宣传部、教育部印发了《新时代学校思想政治理论课改革创新实施方案》[15]。这些政策是大中小学思政课教师实施一体化教学的根本遵循，教育阶段的不同，学生的认知发展层次不一样，那么育人的目标和方法也是不一样。比如，小学阶段重在启蒙道德情感，初中阶段重在打牢思想基础，高中阶段是重在提升政治素养，而大学阶段除了增强共识，还要增强学生的使命担当，也就是说不仅要"知"，还要"行"。所以，熟知国家关于新时代学校思想政治理论课改革创新的文件是大中小学思政教师设计研学旅行实践课的依据和指导方针，起着方向盘、路线图的作用。

（二）大中小学"思想道德与法治"课程中研学旅行实践教学课的构建基础

习近平总书记强调："思政课是落实立德树人根本任务的关键课程"，所以大中小学"思想道德与法治"课程中研学旅行实践教学课的构建基础是教材。教师在研学旅行实践教学课的构建中必须明确"思想道德与法治"课程定位。2020 年 12 月 18 日，由中共中央宣传部、教育部印发的《新时代学校思想政治理论课改革创新实施方案》中就明确规定了"思想道德与法治"课的课程定位："主要讲授马克思主义的人生观、价值观、道德观、法治观，社会主义核心价值观与社会主义法治建设的关系，帮助学生筑牢理想信念之基，培育和践行社会主义核心价值观，传承中华传统美德，弘扬中国精神，尊重和维护宪法法律权威，提升思想道德素质和法治素养。高等职业学校结合自身特点，注重加强对学生的职业道德教育。"[15]所以在设计研学旅行实践教学课活动主题的时候必须紧扣课程定位，实现立德树人的最终目标。

（三）大中小学"思想道德与法治"课程中研学旅行实践教学课的构建途径

大中小学"思想道德与法治"课程中研学旅行实践教学课的教学构建，也是在进行学情分析的前提下，三大教学环节缺一不可，即研学前先导学习设计、研学中的过程和互动环节设计、研学后的反馈和总结设计。只有注重课前、课中、课后三大教学环节设计的整体性、学理性，才能有效衔接大中小学一体化研学实践教学活动，才能实现在研学旅游中把小学生看现实、听故事与明道理结合起来，把中学生学知识与大学生强共识衔接起来的教学目标。

1. 设计研学先导学习系统

现代教学提倡"自主、合作、探究"的学习方式，"教"的课堂正在向"学"的课堂转型，设计研学先导学习系统就是践行"学生自我尝试在先，教师的引导在后"的现代教学观念，坚持"以学生为本"、提高研学实践时效性的有效途径。正如教师上课前备课的优劣会影响上课呈现的效果一样，学生研学前的准备越充分，教师的引导越是到位，就越可以避免出现"为旅而旅""只游不学"或"走马观花"的结果。如果研学旅行仅仅是一次次旅行地"打卡"，那就难以帮助学生形成较深的心灵感悟与学习体验，结果使学生实践感知薄弱，研学意义不突出。所以，设计研学先导学习系统是提高研学实践时效性的基础环节，目的是让学生在研学前按学习小组有目标任务地忙起来，而且大中小学生通过"学习通"等自己熟知的教学平台在研学前就对研学的目的、任务与考评方式有完整的认知。2020 年 12 月 18 日，中共中央宣传部教育部印发了《新时代学校思想政治理论课改革创新实施方案》，里面明确了大中小学"思想道德与法治"课程的教学重点，虽然各阶段的教学重点不同，但实践教学的活动方法可以找到共性的地方。比如，在开展研学实践教学活动之前，可以选择线上线下混合式实践教学模式。利用学生平时熟悉的"学习通"等现代教学常用媒体，教师首先在线上提前发布实践课程的相关要求和资料，包括实践活动的学习小组组建、研旅线路、任务主题、活动形式和规则、活动过程和结果的考核方式、相关参考视频等，督促学生有的放矢地动起来。研学前就督促学生通过线上平台对本次研学的主题、任务、展示形式和考核方式形成初步认知，学生有什么建议可以通过"学习通"随时和老师沟通，收集的有关本次研学的资料也可发学习通给大家共享。学生可以能动地、有目标地提前做好安全及知识储备方面的准备，这样既可以避免研学过程中出现互动冷场的情况，又可以促进研学旅行中"学"与"旅"的平衡。最重要的是因为研学旅行有任务驱动，就不会是单纯的"旅游"，这就可以促进学生主动参与、乐于探究、勤于动手、善于动脑。叶圣陶说："教学的目的是不教""教师教给学生的不只是知识，更重要的是学习方法"。这可理解为在研学前教师做到充分引导，学生做到积极准备，就能保证整个研学旅行过程的鲜活与研学旅行成效的显现。

2. 设计现场研学系统

现场研学系统的设计前提应该是紧贴"思想道德与法治"课程的教学内容，突出思想性、创新性，基于不同年龄、不同学历层次学生的认知水平、身心特点和研学旅游地的情况，以教学目标为中心督促学生以学习小组为主体，创设多种多样的研学实践活动。小学生因为学生年龄小，其认知能力、知识储备、独立能力都偏弱，重在启蒙道德情感教育，所以注重研学过程的看、听、想、说的环节的现场设计，以"输出"促"吸收"。比如，在博物馆、展览馆、纪念馆、旧址、红色旅游景区等场所，小学生除了在讲解员的引导和介绍下，参观珍贵照片、革命文物，体验 VR 技术等以外，每个组的组长还要负责小组探究活动，收集每个成员的发现与感悟，推举小组代表准备研学后的展示或总结，注重小学生的感性体验，种下红色基因的种子，根植爱国情怀，引导学生"扣好人生第一粒扣子"。中学生具备一定的认知能力和独立学习的能力，以及一定的知识储备量。重在打牢思想基础，在参观的基础上还应该设计体验和表达的环节，如小组展示情境、表演体会情境、语言描述情境、现场采访制作视频等，活动可以达到"让历史说话，用史实发言"、让红色故事活起来的效果，注重从感性认识到理性思考的层层递进。大学生不仅具备认知能力、思考能力、评价能力，而且具有独立的学习能力、自主管理能力和合作学习能力等，知识储备量也较为深厚，所以只增强共识还不够，还要培养使命感。大学生通过研学旅行应该在理论和实践上都有深度的浸润，在理论方面要树立起大历史观。

2021年3月31日，习近平总书记在党史学习教育动员大会上讲话："了解历史才能看得远，理解历史才能走得远。"现场研学系统的设计阶段，思政教师在全面把握学习小组研学实践活动展示内容突出思想性、创新性前提下，重点是把控研学现场能有序展开各组的研学展示活动，如落实活动的主要负责人、主持人、联络人、摄影摄像人、场地布置、音响准备等确保研学现场按计划实施。通过教师精心的现场研学系统设计，大中小学生都能用"自主、合作、探究"的学习方式培养协作精神、激发创新意识，教师也在第二、第三课堂实现了以学生为主体的教学目的。2021年4月19日，习近平总书记在清华大学考察时就指出："广大青年要肩负历史使命，坚定前进信心，立大志、明大德、成大才、担大任，努力成为堪当民族复兴重任的时代新人，让青春在为祖国、为民族、为人民、为人类的不懈奋斗中绽放绚丽之花。"[16]实践证明，把身边鲜活的历史资源和"思想道德与法治"课的课程目标结合起来，开展有计划、有实效的研学旅行实践教学，特别是重点将红色研学旅行与"思想道德与法治"课结合起来，将思想理论、理想信念、价值观念、精神品格、历史使命的教育融贯其间，就可以转变传统的"思想道德与法治"课的教学模式，把小课堂变成大课堂，把以教师为中心的教学模式变成以学生为主体的教学模式。这既有利于发挥红色文化教育的价值，大力弘扬红色革命精神，又有利于大中小学生素质、技能、思想、道德全方位有效的教育，增强大中小学生爱国主义情怀同时也能达到"教学相长"的目的。道不可坐论，德不能空谈，"思想道德与法治"课课程目标是引导大中小学生塑造正确的人生观、价值观、道德观与法治观，最终落脚点是实践践行。马克思指出："全部社会生活在本质上是实践的""理论的对立本身的解决，只有通过实践方式，只有借助于人的实践力量，才是可能的。"[17]让大中小学生在教师的组织和带领下走进乡村、街道、革命老区、革命文物保护地、敬老院、儿童福利院等，当志愿者、导游、红色故事会讲解员、普法宣传员等，切实落实"三全育人"，解决学生因缺少社会实践而产生的知而不深、知而不明、知而不行的情况。通过践行促使学生自觉把个人理想与个人追求同国家理想、民族事业结合起来，将爱国情、强国志、报国行自觉融入爱国主义情怀之中，从而以无悔的青春为中国特色社会主义现代化强国的建设而奋斗！

3. 利用学习通实现全过程师生、生生全程互动

研学前的先导学习系统设计、研学中的现场系统设计、研学后的反馈系统设计都离不开"超星学习通"这个媒介，利用"学习通"可以实现全过程的师生、生生互动，可以营造出"一种无所不在的学习状态"，使得沟通更为便捷，也能冲破师生间、生生间交流与合作的时空限制，即使师生不在同一场地，师生之间也可以通过"学习通"进行研学前、中、后的全程沟通交流，达到无缝学习的效果。教师通过互动可以知晓本次研学旅行学生学会了什么，老师的先导学习设计、现场设计和反馈设计还有哪些不足，便于总结经验教训创新教法，使下一次研学设计更加精准。

三、建立大中小学"思想道德与法治"课程中研学旅行实践教学课评价体系

为了改变过去重知识能力评价而轻素质素养评价的现象，国家也出台了许多文件。比如，2018 年 9 月 17 日，教育部《关于加快建设高水平本科教育全面提高人才培养能力的意见》（教高〔2018〕2 号）中，对加强学习过程管理

这方面课题要求："加强考试管理，严格过程考核，加大过程考核成绩在课程总成绩中的比重。健全能力与知识考核并重的多元化学业考核评价体系，完善学生学习过程监测、评估与反馈机制。"[18] 这就要求教师在教学实践中要构建一个多元、多维的立体化评价体系，既要强化课堂管理，又要强化考勤过程监控、构建自我评价、组内评价、小组间评价、教师评价等，打造全方位、全过程的立体化评价体系。思政课教师应该提前设计好各种电子版的评价表格，并把各种评价表格发在"学习通"上面，既便于师生的互动、联动，又便于下载、存档，使之成为考核依据。

四、结束语

综上所述，通过研学前的教师任务引学、学生自主组队探学；研学中的师生合作展示赏学；研学后的教师、小组的互检评学，将研学前、中、后三个环节联通起来，不仅可以打造一次鲜活的、学生有体验的、收获颇丰的研学旅行实践课；还可以综合评价学生世界观、人生观、价值观的塑造情况，以及其社会主义核心价值观的践行情况，有利于提高思政课教育的实效性；也可以让学生在思政课程公开、公平、公正的评价体系中产生获得感提升满意度。几个环节环环相扣才能改变传统的研学模式，把"思政教学课堂"和"研学实践大课堂"有机融合起来，从而合力打造全方位育人的"大思政"教学。

参考文献

［1］中华人民共和国教育部基础教育一司. 关于进一步做好中小学研学旅行试点工作的通知. 中华人民共和国教育部.

［2］怀进鹏. 加快推进教育高质量发展奋力谱写贯彻落实党的二十大精神教育华章［N］. 学习时报，2023-01-01.

［3］国务院办公厅关于印发国民旅游休闲纲要（2013—2020年）的通知［EB］. (2013-02-18).http://www.gov.cn/zwgk/2013-02/18/content_2333544.htm.

［4］中华人民共和国教育部等11部门印发关于推进中小学生研学旅行的意见［EB/OL］. 中华人民共和国教育部，2016-12-19.

［5］习近平. 思政课是落实立德树人根本任务的关键课程［J］. 求是，2020（17）.

［6］习近平. 用新时代中国特色社会主义思想铸魂育人，贯彻党的教育方针落实立德树人根本任务［EB/OL］. 2019-03-18. http://www.xinhuanet.com//2019-03/18/c_1124250386.htm.

［7］习近平. 用新时代中国特色社会主义思想铸魂育人，贯彻党的教育方针落实立德树人根本任务［EB/OL］. 2019-03-18. http://www.xinhuanet.com//2019-03/18/c_1124250386.htm.

［8］教育部等十部门关于印发《全面推进"大思政课"建设的工作方案》的通知（教社科〔2022〕3号）.

［9］杜威. 民主主义与教育［M］. 王承绪，译. 北京：人民教育出版社，2008.

［10］成都市新命名一批市级爱国主义教育基地［N］. 成都日报, 2022-03-21.

［11］教育部印发《义务教育课程方案和课程标准（2022年版）》.

［12］坚持党的领导传承红色基因扎根中国大地 走出一条建设中国特色世界一流大学新路［N］. 人民日报, 2022-04-26.

［13］希尔伯曼. 积极学习: 101种有效教学策略［M］. 陆怡如, 译. 上海: 华东师范大学出版社, 2005.

［14］四川省教育厅等14部门发布了《关于进一步推进中小学生研学的实施意见》.

［15］中共中央宣传部 教育部关于印发《新时代学校思想政治理论课改革创新实施方案》的通知.

［16］习近平总书记在清华大学考察时的重要讲话激励高校师生砥砺前行［EB/OL］. 人民网, 2021-04-25. http://edu.people.com.cn/n1/2021/0425/c1006-3186988,html.

［17］马克思恩格斯选集（第1卷）［M］. 北京: 人民出版社, 2012.

［18］教育部关于加快建设高水平本科教育全面提高人才培养能力的意见.

论研学旅行与核心素养的对接

张锐，温蕾珊

摘　要

研学旅行是一种教育与旅行深度融合的学习形态。对人的核心素养的培养是人类进入信息时代和知识社会需为之奋斗的共同目标，也体现了全球教育变革的趋势和课程改革的主基调。同时，发展核心素养也是我国贯彻落实立德树人根本任务的重要举措。研学旅行与核心素养的对接是适应我国教育变革的必然趋势，研学旅行与核心素养在育人观、知识观与课程观等方面高度契合，为二者实现无缝对接提供了可能。研学旅行与核心素养的有机对接应注重课程内容设置，关切实践育人，并注重多元评价等，进而助力研学旅行健康快速发展和核心素养真正落地。

关键词

研学旅行；核心素养；课程改革

基金项目：四川研学旅行发展研究中心项目——"初中研学旅行开展现状及反思研究——以泸州为例"（项目编号：YX22-22）。

作者简介：张锐，男，泸州开放大学讲师，教育学硕士，主要从事教育基本理论研究；温蕾珊，女，泸州开放大学讲师。

研学旅行是一种教育与旅行深度跨界融合的学习形态。近年来，研学旅行大潮以其实践性的根本属性受到国内教育界的高度关注。2016年《教育部等11部门关于推进中小学生研学旅行的意见》（以下简称《意见》）中明确提出："当前，我国已进入全面建成小康社会的决胜阶段，研学旅行正处在大有可为的发展机遇期，各地要把研学旅行摆在更加重要的位置，推动研学旅行健康快速发展。"[1]同年，教育部委托北京师范大学，联合国内高校近百位专家，历时三年研究形成了《21世纪学生发展核心素养研究》这一成果。这一研究成果勾勒出适应未来复杂多变的社会发展的时代新人的形象，树立起我国课程改革的新航标。可以说，核心素养既是课程目标，也是新的课程观[2]，还是理解教育目标的又一重要途径。作为教育工作者，基于发展学生核心素养的理念，思考如何推动研学旅行健康快速发展，并切实发挥研学旅行实践育人功能，是我们的职责所在。

一、研学旅行与核心素养对接的必要性

研学旅行超越了学校传统教育的局限，开创了课程设计的新模式，变革了学生的学习方式，一时间方兴未艾。各地中小学的研学旅行如火如荼开展，在此过程中难免出现"走马观花""只旅不研"等不良现象。因此，将研学旅行与 21 世纪知识社会的人才能力框架进行对接，是研学旅行在各地朝良好态势发展与核心素养充分落地的必然趋势，用核心素养导向的课程改革风向标指引研学旅行的发展，才有利于研学旅行与核心素养的协同发展，也有利于开启教育双赢甚至多赢的征程。

（一）研学旅行与核心素养的对接是全球化信息化社会发展的内在要求

时下，为应对全球化、信息化、人工智能技术带来的挑战，世界各国在教育领域频繁交流和借鉴，这是"世界经济结构的转型"[3]78。研学旅行是对传统游学的传承与发展。我国研学旅行从春秋战国时期孔子周游列国起初见雏形，到近现代国家层面出台了多项研学旅行教育方针政策，特别是《意见》的印发标志着研学旅行全新时代的到来，研学旅行在各地得到广泛快速的发展。但各地区参照《意见》内容执行时，有个别地区将研学旅行视为春游、秋游和夏令营活动，导致研学旅行流于形式，此类问题的出现昭示着要因地制宜地开展研学旅行的诉求。

核心素养体现的是 21 世纪全球化的教育理念和人才培养目标，这一舶来品必须通过中国式的表述才会更好地融合本土文化。众所周知，"核心素养"一词是英文"key competencies"的翻译，始于 1997 年年末经济合作与发展组织（OECD）的"迪斯科"（DeSeCo）项目。包括中国在内的世界各国及国际组织从本国实际出发，对核心素养进行了分析和理解，如 21 世纪素养（21st century competencies）、欧盟的新基本技能（the new basic skills），美国的 21 世纪学习

框架（framework for 21st century learning）等。通过对核心素养相关文献资料的整理发现，学术界对核心素养内涵的研究取得了一定的理论成果。比如，有学者认为，"核心素养是课程的 DNA"[4]202；有学者认为，"核心素养是高级素养"[5]207；也有学者认为，"核心素养是必备品格和关键能力"[6]208，等等。但同时也存在如下问题：在现实生活层面，对"核心"和"素养"的翻译和理解较为薄弱。同时，学生作为一个完整的人，未能充分体现出自主行动和有意识学习。那么，核心素养究竟如何界定？综上，我们尝试把"核心素养"界定为个体在适应信息化、全球化、知识经济社会和现代世界要求的过程中自主构建的关键胜任力和道德品质。值得一提的是，各学习阶段的核心素养的培养是不同的。在各个学习阶段开设跨学科课程是培养学生综合运用知识、树立正确价值观的必然选择。

为此，我们必须秉持开设因地制宜的、本土化的研学旅行课程的宗旨。这就要求我们务必把握研学旅行的内涵，寓教于游，将核心素养与研学旅行进行无缝对接和高度融合，并适时对其进行创新提档和改造升级。"一种教育必须需要相应的文化背景的全面滋养，需要本土文化的悉心呵护，那才是全方位滋养一个人的精神生命、培育人生各种细微情感的沃土。"[7]33可以说，重视本土文化再造是研学实践教育在全球化浪潮、信息社会、知识经济等时代背景下发展的内在要求。

（二）研学旅行与核心素养的对接是科教与人文融合发展的必然趋势

考察中西方文化的历史发现，人文教育是自然科学产生以前各国的主导教育学科。自 20 世纪以来，科学教育与人文教育间的冲突与矛盾逐渐显现，而科学教育在两者的"竞争"中占据了上风，人文教育逐渐疏离。在工业革命的推动下，科学技术极速发展，进一步显露出实用价值，也给人类社会带来了巨大变革。无疑，科学技术的发展对整个人类社会的发展起到了举足轻重的作用，科学技术之光辐射至整个社会，与此同时人文文化显得更加"冷落"，人文教育与科学教育之间的矛盾加剧。"在某种程度上，科学与人文的探究只是人与世界联系的单个维度，未曾达到对这种关系的整体把握，也失去了对世界观察的全方位感和立体感，因此需要时时从对方身上汲取'养料'，以补充自己的不足。"[8]23伴随着社会的进步，科学教育与人文教育的关系也从对垒走向合作，表现出融合的趋势。就教育而论，促进科学教育和人文教育的有机融合是其使命所在，也是未来发展的必然趋势。同时，两者的融合可以看作是促进学习者在实践中经验的融合，其融合的归宿是指向人的全面发展。学习者作为一个完整的人，理应获得全面的发展。那么，打破二者对垒的局面，助推全面发展的人的培养是我们面对的又一挑战。

核心素养注重学生在科学精神和人文底蕴等方面得到全面发展。"研学旅行不仅是一种新的研学方式和旅行方式，更是一种新型的科学教育方式。"[9]研学旅行既注重体验又兼顾生成，将科学教育和人文教育融入研究性学习中，帮助学生形成完整的知识体系的同时，能够培养学生的核心素养。研学旅行与核心素养的对接体现了信息时代和知识社会中人们对人文修养的渴求，也是科学教育和人文教育走向整合的趋势要求，更是我国培养全面发展的现代人才的合理范式。

（三）研学旅行与核心素养的对接是教育目标转化为教育现实的必然要求

通常来说，教育目标具有方向性和预测性，它是对学习者的期望和要求，也体现出超越性和理想性。事实上，从教育目标设定的角度来审视，这一设定是有理想性的，也是较难实现的。为此，教育目标的设定不能游离在课程实施之外。核心素养是我国中小学教育过程的方向和目的，描述了对人的发展的意义，体现了以人为本的思想，提出了人才培养的综合目标。提升人的素养是教育的终极任务，这一任务实现的前提是让教育回归现实生活，而以课程为载体是落实核心素养最有效的途径。研学旅行正是基于生活世界的显性课程，也是跨学科的综合实践活动课程。研学旅行所强调的探究性学习和反思性实践为学生综合素养的培养发挥了不可替代的作用，也对促进学生达成核心素养目标产生了独特的价值。

因此，核心素养的落实依托于实实在在的研学旅行，这是完全可行的。从本质上来讲，核心素养就是使人成为人，而我们面对的每一位学生都是完整的人。从学生整体发展的角度来说，核心素养的核心理念就是促使他们获得全面的发展。作为强调体验性学习的研学旅行来说，为学生提供体验式的研究性学习是其根本所在。这种基于生活体验的学习能够充分关注到每位学生，让不同性别、不同认知水平、不同文化背景的学生都主动参与探究。研学旅行的有效实施离不开核心素养的指引，核心素养的落地也需要研学旅行课程的实施，这是教育目标与课程相互配合的充分体现，也是教育目标转化为教育现实的必然要求。

二、研学旅行与核心素养对接的可能性

伴随知识经济与技术快速发展所带来的新的教育诉求，全球诸多国家和国际组织在探索与反思过程中对教育目的进行重新架构，从而提出了核心素养。作为育人新手段的研学旅行课程的价值追求就是培养学生的核心素养。可以说，研学旅行和核心素养在育人观、知识观和学习观上具有契合点，二者的对接是有可能完成的。同时，研学旅行也是满足学生核心素养发展的重要途径。

（一）研学旅行与核心素养秉持适应未来社会的育人观

未来社会是日益多元和复杂的，不确定性和不可预测性将是其显著特征。在这样的社会中，人类无时无刻不面临着人工智能、信息技术、知识社会所带来的冲击和挑战，经济出现新模式、职业出现新形态、社会生活出现新特点成为不争的事实。学生形成哪些核心素养或者关键素养才能适应未来复杂多变的社会生活这一新课题已跃升为世界各国教育改革的焦点。在这一背景于，林崇

德等教育专家研究发布的中国学生发展核心素养框架，顺应时代，关注未来，勾勒了未来新型人才的形象。也就是说，拥有核心素养的个体不仅能够获得全面的发展，也能够适应未来发展，还有可能胜任许多现阶段尚未诞生的工作。培养学生的核心素养能够为学生的未来发展做好准备。

事实上，当我们谈素养时，我们所谈的是育人，即"素养是与人相伴的通过后天学习而形成的能力和品格"[10]。未来的工作需要个体具备全部的素质，所以是具备单一素质与知识的人恐怕难以在未来复杂的工作情境中立足，更不用说成功开展工作了。"核心素养教育是一个更能体现育人根本宗旨的概念，育人说到底是要培养'会做事的人''会实践的人''会行动的人''会生活的人'。"[11]研学旅行作为一种新型教育方式，注重体验感、实践性和生活性，突出学生主体地位，这与核心素养以人为本的观念不谋而合。研学旅行与核心素养都指向了人的发展这一根本教育目的，这不仅是有效培养学生核心素养的路径，也是研学旅行与核心素养实现融合和对接的方向。

（二）研学旅行与核心素养强调情境实践的知识观

知识经济社会呈现出知识暴增及快速传播的特性，知识在全球化竞争中发挥的作用举足轻重，人类秉持何种知识观将对我们思考教育的方向产生重要的影响。传统的学校教育注重传授和讲解知识，学生能够系统全面地进行学习，这是其他学习方式无法替代的。但是，面对未来复杂多变的情境，我们无法检验学生获得的知识是否可以适应未来的社会。究其原因在于传统的知识教育偏重理性和认知、封闭和灌输、获取和积累。"注重书本知识的传统教育却恰好忽视了这一学习的核心含义，忽视了对学生实际问题解决能力的培养，从而导致在这种教育模式下培养出来的学生难以很好地适应社会生活，使学校教育与实际生活之间产生严重的错位。""可以说，核心素养牵涉到不仅'知晓什么'，而且在现实的问题情境中'能做什么'的问题。"[12]可见，核心素养导向下知识定位发生了转变，从原来的"知晓什么"转变为"能做什么"，这体现的是知识的运用与迁移。为此，学校教育应当做的就是将学生从被动接受知识转变为主动运用知识，要将学生看作是知识的运用者、解决问题的行动者、社会实践的探究者。基于探究性学习的研学旅行就是为学生提供问题解决的真实环境，让学生创新思维，灵活自如地运用已有的知识，培养学生解决实际问题的能力，增强学生的个人责任感。研学旅行与核心素养共同关注学生在真实情境中问题解决的能力。这种"用以致学"的实践知识观，不仅是学生兴趣驱动的重要体现，更是今后知识学习方式变革的方向。

（三）研学旅行与核心素养关注跨学科学习的课程观

富兰指出，真正有价值的学习应是能够学以致用并创新实践的学习，因此变革教育并不是简单地在传统课堂上添加一些昂贵的技术工具，尝试一些所谓新的学习方式，而是要能看到这些技术和学习方式发挥的作用，看其在教学中真正改变的是什么[13]。跨学科课程的学习显得名副其实。研学旅行作为综合实践活动重要学习方式，具备跨学科的特性，它消解了分科课程与整合课程的对立，对学科进行整合，培养学生的综合素养，并从多个层面达成了学生跨学科的学习。培养学生的核心素养必须注重问题驱动、知识整合以及实际问题的解决。在研学旅行中，分析与思考属于每位学生，这为他们知识的迁移运用提供了自由的空间。无独有偶，核心素养同样也强调跨学科课程的意义。伴随知识经济带来的时代挑战，只有各学科间加强融通，才能够提升学生的核心素养。因而，在学生跨学科学习素养提升方面，研学旅行与核心素养具有契合的特点。

三、研学旅行与核心素养对接的路径

（一）促进学科整合，创设主题活动

落实核心素养应处理好核心素养与学科素养的关系。课程相互融合不仅是把知识单纯地罗列在一起，还是复合型交叉关系。虽然学科融合能够给核心素养的形成和发展创造良机，但是这种融合也需要综合考虑多方面，即课程内容选择应遵循开放性、可迁移性的原则。准确理解各个学科目标与学科内容间的内在联系，充分掌握学科知识内涵和特点，主动将学生当前已具备的素养与核心素养建立纽带关系是学科整合的前提；关切学生的真实生活以及根据学生的发展需要设置适合各学段的主题活动，并对主题活动进行筛选和组织是关键步骤；立足实践育人，突出学生在活动中的主体地位并有意识地引导学生综合运用学科知识是从课程意义上进行对接的最终程序。

主题活动有助于学生在实践中理解学科知识，并对所学知识进行内化，并形成新的知识，进而培养学生的探究能力、交往能力和社会责任感。借助研学旅行创设主题活动，并对其进行优化；让学生在现实生活中多接触相关知识，在培育核心素养的同时巩固学科素养，都可实现研学旅行与核心素养在课程意义上的对接。

（二）创设真实情境，培养实践能力

在传统的教学中，老师在封闭的课堂讲授精心包装过的知识，理论灌输的方式被视为不容替代的。但"脱离了生活的经验和智慧，知识成为分离的、独立的量"[14]161。为此，必须在贴近生活的真实情境中，综合应用知识解决具体实际问题才是学生学习的真正目的。也就是说，学校教育应弥补学生知行脱节的缺陷，创设真实情境以激发并维持学生的学习动机，创造进行深度学习的条件，帮助学生主动获得知识。作为纳入中小学教育教学计划的研学旅行，其最独特的优势在于基于深度实践的体验和学习，通过创设实践情境，发展学生的探究精神，树立问题意识，培养创新精神以及跨学科解决问题的能力。这种注重实践的教育理念也正是核心素养的"孕育摇篮"。值得一提的是，教师在创设真实情境时，应在考查学生现有的知识积累水平的基础上来创设不同的情境，促使学生主动参与进来，对某一具体问题进行合作探究，并在这一过程中完成知识的迁移和重构，最终提升学生的探究意识和探究品质。

（三）提供文化体验，发展多元评价

"一种教育必须需要相应的文化背景的全面滋养，需要本土文化的悉心呵护，那才是全方位滋养一个人的精神生命、培育人生各种细微情感的沃土。"[15]研学旅行与核心素养均高度关注文化传承对学生发展的价值。基于真实情境体验的研学旅行体现了其文化教育、科技教育的本质，同时核心素养倡导多元文化的价值观，故以课程为载体将二者进行融合，为实地学习体验多元文化创设空间，促使研学旅行与核心素养的融合真正回归到学生发展的轨道上。传统的教育评价看重学生学习的结果，评价手段也较单一，这一评价方式已无法适应现阶段对学生素养进行评价的要求。以探究为主要学习方式的研学旅行关注的是学习过程，力求对学生进行多维度的评价。研学旅行与核心素养的对接应在评价方式上相互渗透、相互补充和相互借鉴，在为学生提供精神养料时，让学生的知识发生迁移，强化社会责任感，将学习内容转化为学习成果，并以此作为开展发展性评价的重要参考，促进个体素养和能力的发展。

（四）突出营地作用，构建合作关系

自 2017 年以来，教育部先后公布了两批全国中小学生研学实践教育基地、营地。公布至今，各地基地和营地结合自身实际，在遵循开放性、实践性、教育性原则上，以满足地方学生需求为导向，开发设计了诸多精品课程和线路，确保了研学旅行实践活动的有效开展，也助推了学生核心素养培育的有效落实。实践表明，自研学旅行纳入学校教育计划以来，因其注重研究性学习，在学生核心素养的培育中发挥了重要作用。研学旅行与核心素养的对接还需要各地研学基地和营地切实发挥主导作用，构建以营地为枢纽、基地为站点的研学实践教育网络，形成以"点"串"线"，以"线"织"网"的实践教育体系，推动各地研学实践教育资源实现共建共享和可持续健康发展，从而为学生核心素养的有效培育助力。

综上，研学旅行与核心素养的对接既有理论意义也有现实意义，既能够推动研学旅行课程有效实施，也能够促进学生核心素养培育落实、落地。

参 考 文 献

［1］教育部等11部门关于推进中小学生研学旅行的意见［EB/OL］.中华人民共和国教育部网，2016-12-02. http://www.moe.gov.cn/srcsite/A06/s3325/201612/t20161219_292354.html.

［2］［4］［5］［6］钟启泉，崔允漷.核心素养研究［M］.上海：华东师范大学出版社，2022.

［3］哈贝马斯.后民族结构［M］.曹卫东，译.上海：上海人民出版社，2002.

［7］刘铁芳.乡土的逃离与回归：乡村教育的人文重建［M］.福州：福建教育出版社，2011.

［8］肖锋.科学精神与人文精神［M］.北京：中国人民大学出版社，1994.

［9］孟建伟.走向"科教融合"的科学教育：关于中小学"研学旅行"的哲学思考［J］.北京行政学院学报，2020（1）：113-118.

［10］杨志成.核心素养的本质追问与实践探析［J］.教育研究，2017（7）：14-20.

［11］陈佑清，胡金玲.核心素养导向的课程与教学改革的特质：基于核心素养特性及其学习机制的理解［J］.课程·教材·教法，2022（10）：12-19.

［12］钟启泉.基于核心素养的课程发展：挑战与课题［J］.全球教育展

望，2016（1）：3-4.

［13］FULLAN M, LANGWORTHY M. A rich seam：how new pedagogies find deep learning，Pearson ［EB/OL］. http：//www. michaelfullan. ca/wp - content/up- loads/2014/01/3897. Rich_Seam_web.pdf.

［14］多尔. 后现代课程观 ［M］. 王红宇，译. 北京：教育科学出版社，2000.

［15］杜芳芳，潘祝青. 研学旅行的教育学意蕴探析：乡土文化传承的视角 ［J］. 教育理论与实践，2019（11）：3-5.

第二部分

研学旅行课程开发

"双减"背景下地方研学旅行课程实践研究

俞丽亚　程龙粤　李奉英

摘　要

随着疫情后旅游市场的开放和"双减"政策下学生自主时间的增加，学生和家长有更多时间规划旅行，这为地方研学旅行和短途近郊研学提供了发展契机，研学旅行可能从由学校主导向由家庭主导转变。研学旅行最终以人的全面发展为核心目标，既把学习融入旅行体验中，也把旅行升华成为学习活动，实践课程建构出了"立德""立志""立身"三层育人目标体系和教育实践理念体系。地方研学旅行课程实践是以人的体验感为基础，结合本地特色，依托本地区资源和优势，设计形成的丰富多样的研学课程。研学主题多样且突出，以家庭为团体的亲子研学增加，还出现了结合当地文化特色等趋势。但研学旅行课程仍有需要注意和提升的地方：注重构建情景式地方研学课程活动；倡导自主式、探究式、感悟式课程；提倡引发深层次感受的研学课程；提升地方研学课程与学生现实生活的关联度；融入多学科课程知识；关注地方研学课程的可持续发展和长远规划。

关键词

地方研学；研学旅行课程实践；"双减"政策

基金项目：四川研学旅行发展研究中心项目——"双减"背景下地方研学旅行课程实践研究（项目编号：YX22-29）。

作者简介：俞丽亚，女，社区教育专业博士，现成都开放大学科研规划处科研骨干，负责多个市厅级课题，主要从事社区教育、家庭教育、老年教育、社会实践教育的研究；程龙粤，男，马来西亚博特拉大学，可持续旅游发展专业博士，主要从事研学旅游、可持续旅游和公园城市研究。

2021 年 5 月 21 日，中央全面深化改革委员会第十九次会议审议通过《关于进一步减轻义务教育阶段学生作业负担和校外培训负担的意见》，要求切实提升学校育人水平，持续规范校外培训（包括线上培训和线下培训），有效减轻义务教育阶段学生过重作业负担和校外培训负担（以下简称"双减"）。近些年中小学将"双减"政策落实，学生有更多的时间自主学习。在学校，教师提高了课堂效率，科学布置家庭作业；在校外，学生完成作业后有时间安排自己的兴趣爱好和社会实践活动。学生远离补习班和学习班后，有更多时间与父母相处，家庭教育更显得重要，特别是亲子关系的微妙之处决定着家庭教育的质量。研学旅行市场可能从由学校主导向由家庭主导转变，这为周末的短期研学旅行和寒暑假研学旅行提供了有利条件，许多家长青睐学与做相结合的高质量研学教育课程。

此外，随着国民素养和认知的提升，人们对教育的理解更加深入，逐步改变了传统的教育观念和养育方式。每个家庭都愿意为孩子的教育全身心付出，父母意识到"做"与"学"融合教育的重要性，对孩子的培养不仅限于单一的分数和书本的知识。《教育部等 11 部门关于推进中小学生研学旅行的意见》中指出："落实立德树人根本任务，帮助中小学生了解国情、热爱祖国、开阔眼界、增长知识，着力提高他们的社会责任感、创新精神和实践能力。"国家进一步强调课程的多样性，强调将学习与实践相结合，研学旅行逐步成为教育领域的热点，这种从做中学、实践与学习相结合的游学逐步代替单纯的游玩。研学旅行传承和发展了我国传统游学的教育理念和人文精神，是综合实践活动课程的实施形式之一，是素质教育的新内容和新方式，不仅可以提升中小学生的自理能力、创新精神和实践能力，还可以丰富中小学生的见闻，加深中小学生对祖国美好山河的印象，培养对中国传统文化的认同感和自信心。研学旅行把学习融入旅行体验中，将旅行升华成为学习活动，越来越受到学校和家庭的认可。

一、地方研学旅行课程的育人目标和教育实践体系

2014 年 8 月 21 日，《关于促进旅游业改革发展的若干意见》中首次明确了"研学旅行"要纳入中小学生日常教育范畴，并提出："按照全面实施素质教育要求，将研学旅行、夏令营、冬令营等作为青少年爱国主义和革命传统教育、国情教育的重要载体，纳入中小学生日常德育、美育、体育教育范畴，增进学生对自然和社会的认识，培养社会责任感和实践能力。"具体来说，研学旅行是由教育部门和学校有计划地组织安排，通过集体旅行、集中食宿方式开展的研究性学习和旅行体验相结合的校外教育活动，是学校教育和校外教育衔接的创新形式，是教育教学的重要内容，是综合实践育人的有效途径。

2016 年 11 月，《教育部等 11 部门关于推进中小学生研学旅行的意见》中提道："各中小学要结合当地实际，把研学旅行纳入学校教育教学计划，与综合实践类活动课程统筹考虑，促进研学旅行和学校课程有机融合……"随后，各种研学旅行组织、基地及活动如雨后春笋般出现，各地学校也都在尝试开发研学旅行课程、开展研学旅行活动。各地区学校应该以"立德树人"为办学宗

旨，精心打造"立人"研学旅行课程体系，融合课堂学习与校外实践，鼓励学生在行走中学习。研学旅行作为综合实践育人的一种新途径，符合综合实践活动课程的基本理念和特征，是综合实践活动课程的有机组成部分。它拓展了综合实践活动实施的空间，丰富和发展了综合实践活动的内容和形式，给综合实践活动课程增添了新的思路和活力，必将推动综合实践活动课程的深入发展。各年龄段学生的生理、心理发育有很大不同，学生通过研学旅行课程培养的价值认同、实践内化、身心健康、责任担当的意识和能力也有因年龄而导致的程度差别。"立人"研学旅行课程的设计并非只着眼于某一学段，而是综合考虑了学生全学段的成长、成才规律，在小学、初中、高中的课程目标上分别有所侧重，建构出了"立德""立志""立身"三层育人目标体系（见表1）。

表1　研学旅行课程对应的三层育人目标体系

学段	小学	初中	高中
学习方式	活动式	体验式	探究式
课程目的	激发兴趣	调动参与	磨炼思维
课程文化	"立德" 树立正向价值	"立志" 坚定远大理想	"立身" 学会为人处世

研学课程设计要素须齐全，一般包含课程主题、课程资源、课程目标、课程内容、课程实施、课程评价、研学手册等内容。可围绕课程主题和课程目标，结合当地特点，设计出价值突出、逻辑清晰、表达准确、内容充实的研学实践课程。有关研学课程实践的标准各地方不一致，中国各地方特色也不同。图1是研学旅行课程设计的教育实践理念体系构架，其中研学课程是分为社会、科学、环境、艺术和技术五大类，其研学实践方式应根据主题和内容的不同而变化。

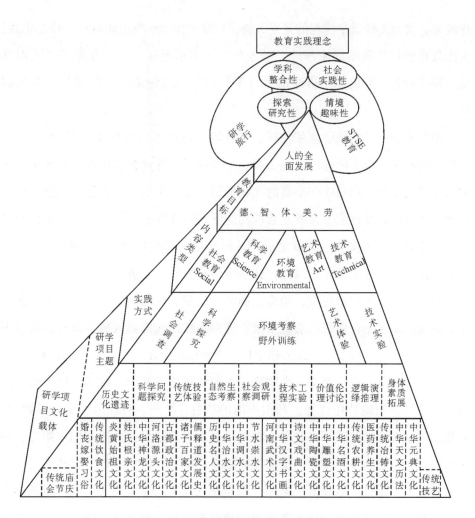

图 1　研学旅行课程设计的教育实践理念体系构架

二、"双减" 背景下成都郊区研学旅行课程实践现状

成都市将中小学研学旅行纳入教育教学计划，有针对性地开发了红色传统、自然风光、历史人文、科技体验、天府文化等专题活动课程，涵盖体验型课程、探究型课程、拓展型课程和实践型课程等不同类型。市人民政府和社区利用各

种资源，大力支持研学课程的开发，将天府绿道作为学校劳动教育、社会实践、生态教育和户外活动的主阵地，融入公园城市示范区建设，开发了"天府学堂"研学课程，开展了"讲绿道""游绿道""画绿道""传绿道"等主题活动。

根据成都郊区的研学课程情况，结合地域特点和自然禀赋，100 余门育人效果突出的非物质文化遗产课程、职业生涯课程、饮食教育课程、爱国主义课程已被开发出来。利用成都丰富的文化资源，结合中小学生的身心特点，市人民政府和社区量身打造了具备复合性功能和实践性体验的研学项目，进一步推出古蜀文化、三国文化、诗歌之旅、长征文化、三线建设、非物质文化遗产、地理之旅、生态之旅等主题线路，让学生走出校园，走进田园，走入历史，走向文化，探寻公园城市之美，塑造正确的人生观、价值观、世界观。表 2 展示了成都郊区研学旅行课程的实践情况。表中总结出成都郊区研学课程具有以下几个特征：第一，成都郊区地方研学旅行课程主题突出。每次研学的课程内容、课程目标、实践方式，都有一个明确的主题线路贯穿其中。第二，地方研学旅行课程应结合当地特色优势。利用本地的特色、特产、特点来推出研学课程，体现出研学课程的实践不再是单一教育层面或者旅游层面所决定的。第三，地方研学课程特别重视亲子游，重视家庭陪伴，可见其研学课程的实践落实于人的全面发展，促进家庭和谐。第四，研学课程以人的体验感为核心，重视学生的实践能力，不再是单一地或者灌输式地变相上课。当然这些特征是成都郊区研学课程的进步地方，也有一些不足之处，此处不再详细列出。

表 2　成都郊区地方研学旅行课程实践情况

研学课程分类	课程实践地点	课程实践方式	研学课程实践效果
社会教育	成都博物馆、历史文化景点	参观、体验、寻宝、写出心得、表演	了解地方特色文化传统、非物质文化遗产

表2(续)

研学课程分类	课程实践地点	课程实践方式	研学课程实践效果
科学教育	不同主题的学科挑战赛场地	科学实验挑战、调查调研	掌握相应科学知识、整合学科知识、培养特长
环境教育	植物园、农场、郊区、公园、研学营地	亲子活动、亲身体验、动手动脑	了解古镇文化、农耕文化
艺术教育	地方特色博物馆、文化宫	学习、体验	了解传统文化、本地文化,陶冶情操
技术教育	户外	体验、训练、身体锻炼	提升身体素质,了解自然知识
其他(道德和公益)	社区、养老院	实践、体验	传承美德,乐于奉献

三、地方研学旅行课程存在的问题

因为研学旅行发展体系尚在探索之中,所以研学旅行还缺乏科学系统的管理机制,没有统一规范的学校管理标准,各地方也没有形成统一的研学模式和课程标准,不同地方的研学旅行课程也还存在不同的问题。但总体上,地方研学旅行课程存在的问题比较相似,主要有以下四个方面的问题。

(一)地方研学课程目标过于笼统,缺乏可操作性

课程目标没有细化到每一堂研学课堂上,而是"假大空"地与学生素质提升或者实践能力挂钩,却没有说明课堂教学目标通过哪些途径链接学生的综合素质目标。有学者认为造成研学旅行课程"形式化"严重的原因在于缺乏系统的课程规划,未建立完善的课程管理制度。其中,目标游离、过于笼统是导致学校将旅行活动作为课程组织的重心,忽视了探究研习本质的主要原因。并且课程目标影响课程内容设计,使得后期研学基地的资源课程没有被充分地挖掘与利用。

（二）研学内容和课程内容缺乏学科框架和实践联结

针对研学内容和课程内容，课程实施者考察不够细致，没有全面地去链接研学内容，缺乏层次和学科落点。比如，一个古文物博物馆的研学内容就是单纯地参观博物馆，没有对博物馆文物背后的故事进行全面理解。可以利用一些好的研学旅行方式，比如，了解古文物的修复过程，了解非物质文化遗产的故事，通过话剧表演加深对文物的了解等，以及通过介绍交叉学科中不同的知识背景，帮助学生对研学课程有更广、更深、更全面的认知。

（三）研学评价维度单一，研学旅行相关标准不够细致

研学旅行行业内部还没有形成一套健全的行业标准，导致研学旅行的进入门槛较低，准入门槛、退出机制以及评价标准亟待完善。研学旅行项目的执行需要多部门相互协同合作，这就必然要求有一套多部门联动的准则来明确各自的分工和职责，这样才能发挥合力。

（四）研学课程教师专业素养不够，应对突发状况能力有限

现有研学导师中，有的是中小学指定的教师，有的来自承办研学旅行业务的服务机构，有的是研学基地的相关人员，有的是社会专业人士，不同领域的研学导师水平差异较大，一定程度上影响了研学课程质量。如来自学校的研学导师的优势是熟悉学科知识，围绕学生课程内容设计研学实践项目比较深入，但劣势是容易落入课堂教学的固有模式；而来自研学服务机构的研学导师大多是导游，其优势是讲解水平高、应变能力强，劣势是在教育理念和教学技能方面较为欠缺，对研学课程的理解往往不够深入。

四、地方研学旅行课程实践的提升建议

（一）构建情景式地方研学课程活动，提升研学课程的趣味性和学术性

情景式教学对于学生是最容易接受的，也是引起学生探索兴趣的手段，研学实践课程也不例外。根据研学内容和研学设计，利用情景式教学让学生去理解此次研学的内容，同时寻找各学科教学与研学旅行有机融合的对接点和突破口。例如，学生来到茶艺学习场所，耐心听讲解员讲解茶文化的发展历史，了解茶的来历、茶的种植以及茶的生产后，应参与到实际的煮茶、烹茶中。同时参与本地的种植茶树和收茶叶等活动，既了解了中国茶道，又体验了劳动人民的辛苦。

（二）倡导自主式、探究式、感悟式课程，提倡感受重于形式的研学课程

研学旅行最重要的内容之一是让学生亲近乡土，感受实践活动，培养学生的动手操作能力，为学生全面成长提供基础。学生在研学过程中处于休闲娱乐的状态，只顾玩乐，完全没有"研学"，更缺乏亲自动手、亲身实践的环节。地方研学课程实践必须有实践动手课程，并且需要对学生"能力作品"进行展示和点评，对实践内容进行评价和反馈。倡导自主式研学实践课程、分小组探究性发现研学知识，最后内化为感悟式课程总结，使学生有参与、探究、总结、内化的实践过程。

（三）提升地方研学课程与学生现实生活的关联度和相关性，融入多学科课程知识

研学的最终目标是促进学生健康成长与全面发展，让学生在研学实践中对知识的认知得到升华，切实实现课程设计目标。在小小消防员的研学课程中，

既设计了基础安全知识的讲解，还提及了一些容易发生火灾的地方。其中，举了一些古建筑防火的智慧案例，比如，成都郊区有很多村落有百年的建村史，街巷、民居、古镇、景点、祠堂、坊墙、楼阁、园区、庭园等建筑有着明显的功能布局，这种布局既有助于在发生火灾时的分段切割与取水便利，也融入了先民生活中邻里守望、互帮互助的美德。这种安全知识研学课程，融合了消防知识、地理环境、排水系统和历史文化，使得地方研学特别有厚重感和底蕴感。所以，地方研学课程在设计时，不能光一味地玩，只重视知识的单一方面，而应该与学生的现代生活、生活实际相关联，将多门学科融合和交叉利用，研发出高质量的研学旅行课程。

（四）关注地方研学课程与地方特色优势结合的可持续和长远规划

根据学段特点和地域特色，有针对性地开发多种类型的研学旅行课程。首先需要挖掘当地的特色。不能只是吃吃喝喝类型的娱乐，还需要挖掘娱乐背后的文化内涵，升级娱乐消费理念，将文化元素和历史情节融入其中。其次，邀请专家和学者提出专业意见，制订长远规划和可持续发展计划，如何将本地元素更好地融合到研学课程之中，设计高品质的研学路线。如深入调研当地文化特色、地理环境、资源优势、人口特征、产业特点等，结合这些优势，建立可持续发展战略和长远规划蓝图，不断地挖掘本地文化特色与课程的结合点，使得地方研学之路越走越宽广。最后，打造地方研学课程并非一朝一夕就能完成，要对研学课程进行反思和评价，及时改善用户反馈的不足，还要跟上时代和政策的脚步，在磨合中前进，在前进中提升，地方研学课程才能具有可持续性、长远稳定性。

参考文献

［1］段玉山，袁书琪，郭锋涛，等. 研学旅行课程标准（一）：前言、课程性质与定位、课程基本理念、课程目标［J］. 地理教学，2019（5）：4-7.

［2］袁书琪，李文，陈俊英，等. 研学旅行课程标准（三）：课程建设［J］. 地理教学，2019（7）：4-6.

［3］张琰，杨稀莉. 地方认同视角下的中小学研学 旅行影响机制及发展对策［J］. 旅游学刊，2020，35（9）：4-6.

［4］吴颖惠，宋世云，刘晓宇. 中小学研学旅行课程设计与实施策略［J］. 上海教育科研，2021（3）：67-71.

［5］殷世东，张旭亚. 新时代中小学研学旅行：内涵与审思［J］. 教育研究与实验，2020（3）：54-58.

［6］董艳，和静宇，王晶. 项目式学习：突破研学旅行困境之剑［J］. 教育科学研究，2019（11）：58-63.

［7］刘璐，曾素林. 国外中小学研学旅行课程实施的模式、特点及启示［J］. 课程. 教材. 教法，2018，38（4）：136-140.

［8］殷世东，程静. 中小学研学旅行课程化的价值意蕴与实践路径［J］. 课程. 教材. 教法，2018，38（4）：116-120，115.

［9］殷世东，汤碧枝. 研学旅行与学生发展核心素养的提升［J］. 东北师大学报（哲学社会科学版），2019（2）：155-161.

［10］邓纯考，李子涵，孙芙蓉. 衔接学校课程的研学旅行课程开发策略［J］. 教育科学研究，2020（12）：58-64.

［11］万田户，廖淑婷，吴玲丽. 中国研学旅行标准分析及构建策略 ［J］. 四川轻化工大学学报（社会科学版），2021，36（3）：57-72.

［12］吴彦春，李丹丹. "双减"背景下研学实践教育如何乘风破浪：以大同市示范性综合实践基地为例 ［J］. 山西教育（管理），2022（2）：37-39.

［13］钟生慧. 研学旅行设计：理论依据与实践策略 ［D］. 杭州：杭州师范大学，2019.

［14］宿奥宇，徐淑梅，王晓迪，等. 基于文献计量方法的研学旅行研究综述与展望 ［J］. 地理教学，2020（15）：58-64.

［15］张琳琦. 小学研学旅行课程设计及优化策略研究 ［D］. 开封：河南大学，2020.

［16］蒋英鑫. 中小学研学旅行实施困境与对策研究 ［D］. 长春：东北师范大学，2019.

［17］黄勤雁，蒋垦泽. 研学实践课程设计与实施中存在的问题与解决对策 ［J］. 黑龙江教师发展学院学报，2021，40（12）：73-75.

［18］刘沧. "双减"政策背景下的研学旅行发展对策研究 ［J］. 西部旅游，2022（21）：60-62.

［19］杨保健. 中小学研学旅行课程化的问题与对策 ［J］. 现代教育，2019（11）：28-30.

［20］ANNA S, JOSEPH C M. From Wall Street to the Great Wall：reflections on teaching a travel course to China ［J］. International journal of teaching and case studies，2013，4（3）：269-279.

［21］WADE J L. Teaching New Orleans：A cultural immersion and service learning travel course ［J］. College teaching，2009，57（2）：83-88.

［22］LOGAN J L, PFLANZE K R, RUMBAUGH C E. Chemistry and culture of perfume：a French travel course for non-science majors ［J］. Abstracts of papers of the american chemical society，2010，239.

模拟飞行科普课程设计与实践

——以中国民用航空飞行学院为例

袁家俊　孙正杨　王振斌

摘　要

中国民用航空飞行学院（以下简称"中飞院"）作为民航行业特色院校，是培养专业飞行人员的优质教育资源。中飞院立足模拟飞行科普课程，进一步承担其社会服务职能，助力青少年积极投身我国航空事业，为民航强国梦而奋斗。中飞院以青少年航空需求为导向，开发了以模拟飞行为基础的，专业性与趣味性共存的航空科普课程体系，包括适用于低龄青少年的"以红牛朗利特为基础的特技飞行体验，"以及适用于高龄青少年的"以本场五边为基础的飞行流程体验课程"，并且每套课程都包括理论教学、实操教学及建议。"走出去"和"引进来"两种方式并举：中飞院携带模拟飞行设备进入中小学及社区，邀请周边青少年进入中飞院，开展模拟飞行为主的航空科普活动，很好地实践了模拟飞行科普课程，构建了社会与行业沟通桥梁，让更多青少年亲身感受航空文化，学习航空知识，体验航空乐趣。

关键词

模拟飞行；航空科普；课程体系；航空知识；航空文化

基金项目：四川研学旅行发展研究中心 2022 年度科研项目——"模拟飞行研学课程设计与实践"（项目编号：YX22-13）。

作者简介：袁家俊，男，中国民用航空飞行学院讲师，工学硕士，主要从事模拟飞行与航空科普研究；孙正杨，男，中国民用航空飞行学院学生，本科在读，主要从事飞行技术研究；王振斌，男，中国民用航空飞行学院实验师，工学硕士，主要从事航空科普研究。

一、航空科普现状分析

《中国航空报》在其文章《推动航空科普发展恰逢其时》中阐明了航空科普体系化建设的美好前景与迫切需求[1]。为响应推动航空科普的号召，建设体系化、科技化的航空科普生态[2]，中飞院充分发挥民航学院特色优势，整合校内优质科普资源，对外进行航空科普系列活动，努力提升全民航空科学素养，为建设民航强国储备优质人才。

在对青少年群体开展科普教育时，我们发现，现有的科普教育设计方案主要依据宏观政策和经济发展要求，在执行过程时主要立足青少年对知识的理解与掌握程度，缺乏对青少年学生本体的关注，忽视了对受众主体愿望和志趣培养的充分尊重，也不够重视对受众科学兴趣和科学探索精神的激发与培养[3]。相关调查数据表明，我国青少年对科学研究的兴趣与探究精神严重不足，甚至一些具有科学潜能的拔尖人才也缺乏长期专注地进行科学研究的兴趣与探究精神[4]。因此，新的科普教育设计方案要充分利用新型信息技术手段，为青少年群体创设多样化、特色化的科学探究学习环境，进而实现对学生科学兴趣以及探索精神的激发与提升[5]，模拟飞行航空科普无疑是一种行之有效的方法。

臧垲岳[6]指出将模拟飞行引入青少年航空科普，能够通过其特有的寓教于乐的特点令广大青少年航空爱好者在潜移默化中学习到更多的航空知识。王航等[7]将模拟飞行引入航空航天医学专业课程体系，让学员利用初教六模拟器进行起落航线的飞行练习，从而令其具备适合岗位任职需求的飞行知识。王群等[8]将模拟飞行引入小学，形成内容丰富、途径多样、渠道多元的航空航天特色教育课程。张东松[9]对中小学开展模拟飞行课程提出了实施和管理建议。舒梅芳[10]指出利用大客机模拟飞行器启发青少年思维，有助于全面提高青少年科学素养。孙涤非[11]提出建立模拟飞行运动指导站必须满足的条件。中飞院2002年开设的"模拟飞行训练（PCATD）"课程，教授对象为已经完成理论学习、即将进行真机训练的飞行学生。该模拟训练能够解决较多飞行中的问题，特别是飞机驾驶舱仪表认读、飞行程序练习、注意力分配等，力求将大量可能遇到的问题在地面予以解决，降低学员空中出错的概率，提高飞行训练安全和效率。然而，该课程体系专业性强，不适合广大无基础的青少年学生，因此，开发一套趣味性十足又不失飞行特色的科普课程显得迫在眉睫。

二、模拟飞行科普课程特点

模拟飞行是指通过计算机软件对真实世界飞行中所遇到的各种元素进行仿真模拟，并通过外部硬件设备进行飞行仿真操控和飞行感官回馈的一项运动[12]，可以在不同地景、不同环境下使用不同机型完成各项任务，也可以选择不同的适配科目与教程满足不同科普对象需求。有别于讲座类、参观类科普，模拟飞行科普课程是以模拟飞行为核心向大众开展知识普及、人员培训、竞赛活动等，为众多航空爱好者与科普对象参与飞行创造条件，具备更强的适用性和普及性。通过模拟飞行实施航空知识的教学科普、基本飞行术教学，可以以更低的成本、更多元的方式[13]，让参与者在感受驾驶乐趣的同时也能发现自身问题，带着问题去学习航空理论知识，并在学习过程中解决问题。以第一视角学用结合的模拟飞行可自然积累更多关于航空方面的知识，让此航空科普活动能吸引更多对象参与[14]，尤其是青少年。

在中飞院开展的航空科普活动中，宣讲人员以模拟飞行软件为基础，以模拟飞行外设为载体，以完成模拟飞行中的本场五边飞行、无动力迫降、航母着舰、特技飞行等任务为目标，将模拟飞行与航空知识深度融合到教学过程中。科普对象以完成模拟飞行中的任务科目为目标，在了解并掌握相关的飞行原理、飞机系统、航空气象、陆空通话、飞行程序等航空知识后，通过自身对飞行的理解，在操纵杆、油门、脚舵等模拟飞行外设上进行杆舵协调的飞行模拟操作。鉴于科普对象主要为中小学生，采用此方式能沉浸式学习航空知识，以兴趣为导向，让中小学生进行与实际飞行触感相媲美的模拟飞行操纵，感受到飞行的魅力。以完成相关科目为目标，也能加深科普对象对相关知识的掌握，理解与运用。

除了单纯的模拟飞行培训与体验之外，以模拟飞行为基础的航空科普活动还会辐射航空文化和知识讲座、模拟飞行科创教育等多方面。其中，通过线上线下讲座形式全面而系统地传播模拟飞行所需航空文化和航空知识；文化层面主要讲解中国民航发展史、模拟飞行文化等；航空知识层面主要讲解民航基本知识、飞机驾驶技术、飞行员养成等。通过"文化"和"知识"两个层面的讲解，培养学生对航空和飞行的兴趣爱好，较为全面地认识飞行与模拟飞行的联系，有助于青少年人生方向选择和航空业优秀人才积累。而模拟飞行科创教育则将模拟飞行与人工智能、语言编程等结合，对模拟飞行软件进行二次开发，包括地景开发、机模设计、气象调试等，研究人机环耦合关系、气象环境对操纵品质影响、飞机故障飞行等，以科技创新教育和培训为手段，增强学生科学素养，提高学生科研能力[15]。

三、模拟飞行科普课程建设

（一）科普课程

受限于各项航空科普活动的时间、场地、对象等诸元，对于多变的科普活动，相应的模拟飞行科普课程需要对教学目标、教学内容、拟定科目、活动流程进行定制化修改。科普对象的兴趣需求与知识需求的差异性，则会对教学体系带来巨大的影响。因此，中飞院结合各项科普活动、模拟飞行运动员教学的经验，开设了两套模拟飞行科普课程教学课程——"以红牛朗利特为基础的特技飞行体验课程""以本场五边为基础的飞行流程体验课程"。

上述两套科普课程可以满足不同的教学需求。对于年龄较小、知识储备不充足的科普对象，实施者则可以选用"以红牛朗利特为基础的特技飞行体验课程"进行规划备讲，从而避免对象受限于自身知识层面欠缺导致的课堂效果不好、趣味性不足等问题。在这套教学课程的理论教学部分中，其科普内容则会在介绍特技飞行的目标下，多用动画、视频等易于对象接受的方式，侧重覆盖简易飞行原理、航行诸元等常识性问题，从而达到普及航空常识，拓宽小朋友知识面的教学目标；而在模拟飞行操作的部分，则选用了趣味性更强，操纵手法更丰富多样的红牛朗利特飞行，从而坚持以兴趣为导向，寓教于乐，激发对象的学习热情。对于年龄较大、已经具备一定生活常识与教育水平同时也有着有强烈学习欲望的科普对象，实施者则可以选用"以本场五边为基础的飞行流程体验课程"进行规划备讲，以让对象更加系统化、专业化地了解航空知识，为成为一名"飞友"乃至航空从业人员打下基础，为我国航空事业注入新鲜血液。在这套教学课程中，其理论教学部分的科普内容则会在介绍五边飞行的目标下，侧重覆盖飞行程序、飞行职业生涯等飞机运行、飞行员成长问题，使科普对象能够以更为专业的视角看待自己所经历的每一次飞行与每一位航空从业人员，教学内容也会更多覆盖航校生活、机场运行，多元化特色化地探讨航空知识；而模拟飞行操作的部分则选用了专业性更强，更贴近日常航空运行的本场五边飞行，从而让对象能够以民航飞行员的第一视角控制一架飞机，在贴近真实的飞行运行中发现蕴藏于天空中的专业航空知识。

（二）科普大纲

由于航空科普活动中的课时不同，现展示在第二课堂拓展课背景下的部分教学大纲。"以红牛朗利特为基础的特技飞行体验课程""以本场五边为基础的飞行流程体验课程"的教学大纲分别如表1和表2所示，大纲能够满足时间要求最长，覆盖面最广的教学需求。在其他航空科普活动中，宣讲人员选取该大纲进行简略教学设计修改即可。

表1 "以红牛朗利特为基础的特技飞行体验课程"教学大纲

课次	理论教学	实操教学	训练建议
1	早期飞行之路、航空器分类、飞机的运动控制（I）	模拟飞行10软件基本介绍、软件基本设置、体验对飞机的运动控制	软件真实度设置为简单模式、适应使用摇杆和舱内视角操控飞机、尝试尾随引导机训练
2	飞机的机体结构、飞机的运动控制（II）	跟随引导机完成一圈及以上、氮气加速目的及使用	软件真实度设置为困难模式、鼓励学员跟随引导机完成一圈及以上飞行
……	……	……	……
5	航空活塞发动机知识、起落架知识	互联网模式下红牛朗利特任务设置、用最短的时间完成四圈飞行任务	任务模式中完成四圈的飞行任务、在联网模式下设置四圈的飞行任务、组织多人PK

表 2　"以本场五边为基础的飞行流程体验课程"教学大纲

课次	理论教学	实操教学	训练建议
1	飞行生涯概况、塞斯纳172介绍、飞机的增升装置、气压式高度表、空速表、姿态仪	飞行模式的选择和机场载入、仪表识读、观察仪表完成飞机地面直线滑行和起飞步骤	利用机外视角介绍塞斯纳172飞机、操纵飞机沿跑道中线做直线滑行训练、介绍襟翼作用并进行直线起飞和保持固定爬升率的爬升训练
2	航校生活、航校文化、航向仪表、升降速度表、转弯侧滑仪、全静压系统组成及故障	升降速度表和转弯侧滑仪的识读、水平转弯、爬升转弯、速度控制、高度保持和配平控制等操作训练	用软件自带的航迹检测工具检查滑行的轨迹和爬升的轨迹、使用暂停等快捷键并通过切换视角协助教学
……	……	……	……
6	目视飞行规则运行的通讯术语	利用监测插件对起落航线监测分数进行针对性训练	鼓励学生通过训练由量变到质变、利用 PK 赛等手段提高学生的参与热情

四、模拟飞行科普课程实践

中飞院以模拟飞行为基础，进行了以模拟飞行体验和航空知识宣讲为主体的航空科普活动，策划并实施了"翱翔之翼"大学生科技志愿服务项目、"民航知识进校园"、"红色教育研学实践团"、"广汉市幼儿园巡演"等；还携带模拟飞行设备、飞机航模等走进成都、广汉中小学，开展航空科普活动，如图 1 所示。此外，中飞院邀请了周边青少年学生走进我院，体验模拟飞行、参观总理专机、观摩航空体育、拼装航模等，如图 2 所示。上述活动使模拟飞行科普课程得到了有效实施。同时，在积累了大量模拟飞行航空科普活动经验基础上，中飞院与科普讲师、科普受众、模拟飞行专业教员等交流调研，很好地完善了《模拟飞行研学教学大纲》。

（a）　　　　　　　　　　　　　　（b）

图1　广汉幼儿园师生模拟飞行体验

图2　周边青少年走进我院体验模拟飞行组图

五、模拟飞行科普活动意义

在航空科普活动中，模拟飞行定位在于提升国民航空意识和营造浓厚的航空氛围，这对飞行人才的早期培养，尤其对我国民航、空军招飞的前置筛选具有重要意义。同时，由此而衍生的模拟飞行相关赛事全面培养青少年对航空知识的了解和严谨认真的飞行态度，可提升青少年航空素养，塑造健康人格，激发爱国精神，形成有目标感的自主学习习惯，从而促进青少年励志奋进，走上自我实现和发展的道路。

模拟飞行课程可紧密配合学校"双减"政策的落实需要，拓展学生课后素质教育。开展模拟飞行特色课程，打造模拟飞行特色品牌，一方面有利于激发青少年的航空兴趣，提高青少年的素质，引导青少年树立正确的人生观和价值观，鼓励青少年发掘自身的潜能；另一方面，有利于推动航空科普在青少年育人方面的综合功能和价值得到更大释放，从而发挥更重要的作用。

六、结束语

以模拟飞行为基础的航空科普课程的开展，满足了不同年龄、层次青少年的航空需求。通过航空知识进校园等活动对该课程体系进行了实践及完善，很好地助力青少年能够积极投身我国航空事业，为民航强国梦而奋斗。

参考文献

［1］闵航. 推动航空科普发展恰逢其时 ［EB/OL］. (2018-10-14). http://www.aopa.org.cn/Content_Detail.asp? C_ID＝20013065.

［2］谢云. 航空科普基地建设的现状与发展 ［R］上海市科学技术协会学术年会暨上海市航空学会学术年会，2012.

［3］高西. 融媒时代青少年科普教育 ［J］. 数据，2022 (4)：87-89.

［4］王道. 浅谈我国青少年科技教育存在的问题及对策 ［J］. 时代教育，2015 (12)：142.

［5］叶炎富. 让模拟飞行助力青少年成长［J］. 航空模型，2017（7）：4.

［6］臧垲岳. 浅谈"模拟飞行"在青少年航空科普中的作用［C］//中国梦·航空梦—青少年航空科普教育：首届中国航空科普教育大会论文集. 2014.

［7］王航，代静，闫晓飞，等. 模拟飞行训练在航空航天医学专业本科教学中的实践［J］. 医学争鸣，2018，（4）：72-75.

［8］王群，吴东升，周复生，等. 小学航空航天特色教育的研究与实践［C］//中国梦·航空梦—青少年航空科普教育：首届中国航空科普教育大会论文集. 2014.

［9］张东松. 关于中小学开展模拟飞行课程与建设航空特色学校的研究［C］//中国梦·航空梦—青少年航空科普教育：首届中国航空科普教育大会论文集. 2014.

［10］舒梅芳. 以青少年为载体的航空科普实践活动模式［C］//第九届长三角科技论坛：航空航天科技创新与长三角经济转型发展分论坛论文集. 2012.

［11］孙涤非. 在中小学推广模拟运动的初期实践与结果［D］. 北京：北京体育大学，2012.

［12］手掷. 航空运动简介［J］. 航空世界，2012（1）：4.

［13］马宏建，马红庆. 新课改视角下中小学劳动技术课教学中的虚拟技术应用：以模拟遥控和模拟飞行教学为例［J］. 青岛职业技术学院学报，2013，26（1）：53-55.

［14］陈磊. 微软模拟飞行在实训教学中的应用［C］//天津电子出版社有限公司. 新教育时代教育学术成果汇编. 2019：245-252.

［15］覃爱苗，赵良传，苏桂妹，等. 以应用研究型课程为契机提高学生科研兴趣和创新能力［J］. 教育教学论坛，2015（32）：167-168.

"双减"背景下中小学研学旅行现状及课程设计研究

曹志林　谢文霞

摘　要

近年来，研学旅行课程已经正式纳入我国中小学教育教学计划范畴，是我国教育发展史上一重大突破。2021年"双减"政策强调减重减负，在此基础上更加强调学生课程要减负提质，研学课程的推行与"双减"政策的内涵吻合。本文聚焦中小学研学课程设计，以某市中小学教师、学生及研学导师作为研究对象，采用问卷调查、访谈等方法，结合学校实际情况进行调查分析，进而探索"双减"背景下研学课程设计思路，旨在推动中小学研学课程建设，实现提质减负目的及立德树人根本任务。

关键词

"双减"；研学旅行；课程设计

基金项目：四川研学旅行发展研究中心项目——"'双减'背景下中小学研学旅行现状及课程设计研究"（项目编号：YX22-41）。

作者简介：曹志林，女，西华师范大学公共外语学院，教育学硕士，主要从事英语教学及德育研究；谢文霞，女，四川省荥经中学，中级职称，主要从事中学美术教育研究和德育研究。

一、"双减"政策相关背景

2021 年 7 月 24 日，中共中央办公厅、国务院办公厅印发了《关于进一步减轻义务教育阶段学生作业负担和校外培训负担的意见》（以下简称"双减"政策）。自"双减"政策发布以来，国家在校外培训机构治理和校内作业设计与管理方面双管齐下，让学生负担得到较大程度的缓解，教育旧生态在短时期内发生了巨大的转变。"双减"政策背后的深层逻辑不只是减轻学生的校内外负担，缓解升学竞争所导致的内卷和焦虑，还要遏制资本在教育领域野蛮扩张，强化学校作为课堂主阵地的地位，及其立德树人的功能，从而实现社会和谐发展和人的健康成长[1]。面对"双减"，研学旅行课程迎来了新机遇与挑战。"双减"政策的出台对整个研学行业都产生了较大的影响。许多中小学积极响应国家号召，为学生开设丰富多样的课外实践及研学旅行课程，致力于以一种新的教学方式来减轻学生负担，提高课堂教学的质量，力求达到"双减"与研学同频共振的新局面。

二、研学旅行概念内涵

从国外研学旅行相关研究来看，学者们主要将研学旅行作为教学的一项要求，他们认为，研学课程能让学生直接体验社会，学习自然研学旅行文化知识，提高跨文化交际能力与理解能力[2]。而国内学者认为研学旅行是以学生集体为主体，通过有计划的研学旅行方案在研学基地进行研学活动，是"教育+旅游"的跨界产物。在我国，研学旅行的概念最早是在《国民旅游休闲纲要（2013—2020 年）》中正式提出的，此后，政策文件与文献研究基本都采用"研学旅行"为主题词。广义上，研学旅行与教育旅游的内涵一致，是以求知为目的的旅行活动。狭义上，中国知网（CNKI）数据库里的研学旅行相关文献研究认为研学旅行是以旅行为载体，以研究性学习为主要形式，强调其教育性原则[2]。教育部颁布的《关于进一步做好中小学生研学旅行试点工作的通知》，提出要把研学旅行与学校课程和学生学习有机融合，与社会主义核心价值观教育、综合实践活动课程和研究性学习相结合[3]。研学旅行可培养学生的人文底蕴、科学精神、责任担当、创新思维、健康生活等核心素养，故可将其理解为"知行合一，游有所学"。因此研学旅行必须经过充分的前期准备，让学生具备相关的知识、技能储备与心理储备，在实践中成长为具有"悦身心、会合作、善思辨"品质的时代青少年。

三、中小学研学旅行的特点及育人价值

《教育部等 11 部门关于推进中小学研学旅行的意见》中提出："各中小学要结合当地实际，把研学旅行纳入学校教育教学计划，与综合实践活动课程统筹考虑，促进研学旅行和学校课程有机融合。"[4]经过对相关文献的梳理和分

析，笔者发现，当前我国中小学研学课程主要具有教育性、体验性、实践性、自然性四大特点[5]。

（一）特点

1. 教育性

研学旅行就其性质而言，属于课堂教学活动的延伸，因此我们也将其定义为综合实践类课程，此类课程具有教育意义，旨在通过不同的教学形式，实现知识的传播和内化，使学生在活动体验、实践中获得成长。

2. 体验性

"做中学"已经取代"听中学"，当下课堂更强调学生的主体性和直观参与感。研学旅行旨在将旅行与教学相结合，为学生学习知识开辟一条新的路径，通过群体体验，使学生走进社会，亲近自然，进而在参与过程中体验生活、感知生活。

3. 实践性

研学旅行属于教育实践类活动，是社会生活实践形式之一，具有较强的实践性。学生作为研学旅行的主体，在研学旅行过程中，能够通过技能性、认知性的旅行实践，经过探究事物、发现问题、解决问题的实践过程，拓宽视野，提升个人实践能力。

4. 自然性

研学旅行秉承自然教育理念，自然教育强调以自然为师，希望学生能够从自然中找回本真状态，通过不同的教育活动、课程体系，使学生与乡土文化、自然农耕深入链接，引导学生树立尊重自然、爱护自然的价值观，促进学生身心健康发展。

（二）育人价值

1. 研学旅行有助于学生全面发展

蔡元培先生曾提出"五育并举"教育方针，我国也一直积极践行此教育方针理念，旨在通过不同的课程体系、活动方式促进学生全面发展。研学旅行将教育与旅行有机结合，使学生在研学旅行的过程中实现德智体美劳全方位发展，有利于培养综合素质人才。

2. 研学旅行有助于学生找到集体归属感

有研究证明，集体归属感就是学生在学校环境中得到老师和同学们的接受、尊重和支持的感觉，能够和谐地融入学生群体，并真切地感受到自己是集体中不可少的一部分。研学旅行属于集体教育活动，在集体教育过程中，学生须分担不同角色，须团结合作、共同探寻问题的答案。因此，学生能找到自己的价值所在，为成为这个集体的一员感到光荣和自豪。

3. 研学旅行有助于培养学生优秀品质

以旅行为载体的游学体验学习方式能够使学生在老师的指导下主动探寻事物，从而激发学生的求知欲。合作探究有利于培养学生的团队协作意识；另外，自主探究有利于培养学生的独立思考能力、培养思维品质；观赏文物古迹有利于提高学生的民族文化认同感，树立文化自信。因此，研学旅行有利于培养学生的优秀品质。

4. 研学旅行有助于学生提升生命意义感

习近平总书记曾说："青年，有大视野、大格局，才能有大舞台、大成就。"在研学旅行实践过程中，学生在教师指导下通过身体力行来解读书本知识，认知真实世界，通过将知识与体验性与实践性较强的活动结合，促使多学科融合。在研学旅行实践过程中，学生能够找寻自我价值，感悟世间万物存在的意义，因此其对于学生提升生命意义感有着至关重要的作用。

四、"双减"背景下中小学研学课程现状调查

（一）调查研究设计

为了解中小学研学旅行课程设计的相关情况，笔者以南充、成都两所中学，两所小学的学生群体及研学导师为调查对象，一是采用了问卷调查法，围绕小学阶段研学旅行课程设计的相关情况开展调查研究[6]。此次共发放问卷200份，回收问卷200份，有效问卷200份，回收率100%，有效率100%。本研究以克隆巴赫系数（Cronbach's alpha）作为信度的衡量标准，依据被学术界广泛认同并运用的Kaiser（1974）提出的标准，当克隆巴赫系数>0.8时表示信度高，该结果的克隆巴赫系数为0.82，表明本次问卷调查信用较好，具有可靠性。二是采用了访谈法，对有研学课程开展的学校的部分教师进行访谈，挖掘被调查者对那些不易进行量化的问题的真实想法，深入了解课程设计参与者在构思中小学研学旅行课程中的所思所想，为本研究的理论构建提供更加丰富、扎实的数据支撑[6]。其中问卷与访谈的主要问题如表1和表2所示。

表1 问卷主要问题

①"双减"后您的学校是否组织过研学旅行课程？
②您认为"双减"后的研学旅行课程是否使学生减了负？
③您组织/参与过的研学旅行课程次数是多少？
④在您组织/参与的研学旅行课程中，活动类型通常包括哪些？
⑤您认为学校定期开展研学旅行课程是否重要？
⑥您认为您的学校在研学课程的设计/实施过程中存在哪些问题？

表2　访谈主要问题

①您是如何理解研学旅行的？
②您认为学校将研学旅行纳入校本课程有无必要？为什么？
③您的学校是否开展过研学旅行课程？是否存在困难？
④您学校的研学旅行课程通常是如何对学生开展评价的？
⑤"双减"政策出台后，您认为研学课程的最大变化是什么？
⑥您对当前的中小学研学旅行课程设计有哪些建议？

（二）调查研究结果分析

笔者结合问卷和访谈的结果，围绕本次研究主题，对最终结果的呈现进行饼状图分析。笔者发现，随着中小学研学课程的兴起，学生对于研学旅行课程的接受度和参与度较高，但是学校在研学旅行课程设计中，重游轻学，规划随意，组织过程"去学生化"现象较为突出。就本次调查中发现的一些问题，笔者进一步提炼出当前研学旅行课程实施现状及问题，将其总结为图1中的几个方面。

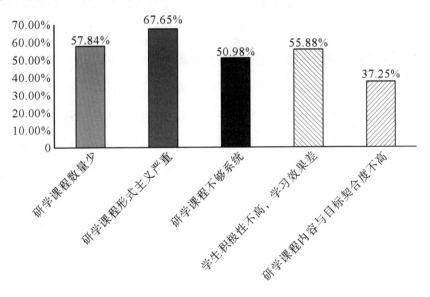

图1　问卷分析结果

1. 教育者观念滞后，研学课程难以开展

造成当前中小学研学课程教学效果不明显的主要原因是教育者自身观念滞后，缺失时代性。教育工作者的研学教育观念较为滞后，简单地将研学旅行视为旅游玩乐、春游等，认为研学旅行浪费时间，影响教学进度，并未看见研学旅行的内在育人价值。这种非科学的理念，说明教育者没有科学客观地对研学课程进行认知评价，同时也没有及时更新自身认知，长此以往，受思维定式的影响，研学课程很难积极有效地开展。

2. 学生主体意识缺失，研学学习效果差

由于课程设计时教师过于追求研学旅行活动结果与预期教学目的的一致性，忽略了学生前期认知、兴趣的培养，忽略了学生的主体地位，因此学生在研学课程中并未积极扮演主人翁的角色，相反成了旁观者、低效参与者，甚至抵触者。大多数学生在参与研学过程中较为被动，被动参与学习，被动完成任务，整个研学过程非常机械，缺乏意义及创造性。可见，学生主动学习动机不足、自我定位不准、主体意识相对薄弱，最终导致学习效果差，难以实现研学课程的育人目标。

3. 研学课程与学科课程、校本课程相分离

研学课程从实践层面看属于学校课程，从国家层面看属于校本课程，是学校实践课程的重要组成部分[7]。研学课程不同于传统的学科课程，两者的最大区别是教学地点与方式的不同，但两者并不相斥，其为相互补充的关系。而当前某些学校过于强调研学课程的实践性及学科课程的知识性，在学校政策解读及制定方面出现了误区，造成了研学课程独立于学科课程、校本课程，未与学科课程、校本课程有机融合，造成三者之间毫无关联。因此，研学课程实践若不以课程视角展开校本化研究，很难确保其持续、健康地高质、高效开展。

4. 课程模式枯燥，评价体系单一

由于学校教学存在时间紧、任务重等问题，虽开展了一系列研学课程，但研学课程还存在一定的形式主义，课程模式过于传统枯燥，缺乏创新，过于强调知识的传授，而忽视学习态度和学习习惯的培养。此外，研学课程中缺乏系统的、多元的评价体系。笔者在调查分析中发现，当前大多学校在研学课程结束后基本采用终结性评价方式对此次研学做出一定评价与反馈。不难发现，此方式过于单一。研学既然是一门综合性课程，那么也应该采用综合性的评价方式，针对活动的不同阶段、不同内容给予不同的评价。

5. 课程育人价值目标不明显

研学实践课程建设应关注知行合一、注重综合学习，对接学科核心素养，重视育人价值[8]。而当前部分学校开展的研学课程形式化较为严重，内容深度与广度不够，对学生实践性价值、思维性价值及情感性价值的挖掘不足。造成这种现象的原因：一是教育者在开发设计研学课程时认知不足；二是在研学课程实施后缺乏一定反思，难以发现问题。久而久之，研学课程故步自封、难以引导学生从学校走向社会、从课堂走向生活、从书本走向实践，学生的知识、思维、情感、价值观便难以得到有效的培养。

五、"双减"背景下中小学研学课程设计路径

研学课程隶属于实践课程，区别于学科课程，其综合性更强，更需要有系统的、完善的课程设计思路与方案[9]。基于对某市中小学进行的调查问卷及访谈结果分析，笔者结合某市中小学生研学旅行课程现状，对"双减"背景下研学课程设计提出以下新思考。

（一）夯实理论基础，提升教育者认知水平与指导能力

理论知识是指导实践的必要前提。作为教育者，我们首先要积极主动丰富自身理论知识，对于研学旅行的相关知识要有清晰的认知，能够将理论知识内化于心、外显于行，从而提高教育工作者的认知水平，进一步更好地践行研学

旅行课程[10]。作为实践者，我们也非常清楚地知道，理论是实践的先导，只有扎实的理论知识才能更好地指导实践。因此作为教育工作者，研学课程的设计者与开发者，也需要知道"2W1H"原则——首先是 What，即研学课程是什么；其次是 Why，即研学课程的意义何在；最后是 How，即我们应如何开展研学课程。只有将这三大问题弄得清楚明白，研学课程的开展才会更为顺畅。

（二）以生为本，激发学生主体意识，重视其学习感悟能力

在研学旅行实施过程中，教师要尊重学生的主体地位，保护学生的好奇心和求知欲，促进学生个性化发展，给学生更多的机会自发探索。学生是学习的主体，我们应以人本主义理论为指导，时刻考虑学生的需求和能力水平[11]。在设计研学课程时，要思考该课程的设计能否突出学生的主体地位，能否激发学生的主人翁意识，在实际学习过程中，学生是否能够通过该课程有所收获，提升其学习能力，以及感知、感悟能力。

（三）跨学科融合，与校本课程深度链接

通过调查发现，当前中小学现有研学课程内容的深度还不够，与学科联系程度不深，因此在课程设计的过程中可将学科知识相融合[12]，达到知识迁移的目的。通过不同知识之间的融会贯通，把研学旅行与语文、政治、历史、地理等学科融合起来，真正凸显出"研学"这一特征。同时，由简到繁，有梯度地实现研学课程内容的转变，更加注重学生创造性思维、逻辑性思维及批判性思维的培养，从而提高学生的综合能力。此外，由于每个学校都有自己的办学特色、历史文化底蕴、育人方针理念等，因此在研学课程设计过程中还需要加入较强的校本化元素，打造蕴含自己学校特色的研学旅行课程。

（四）完善多元化课程体系，构建多样化评价方式

新课程标准强调教学评一体化，因此，在进行学习的同时，也要注重评价。研学旅行课程评价以课程目标为依据，对照研学旅行成果评价表展开多方式、

多维度的评价。除此之外，我们也要注重多元化评价，可将自我评价与同伴评价相结合，形成性评价与终结性评价相结合[13]。致力于构建动态化的评价体系，从多角度、用多方式、分多阶段去评价学生，从而完善课程体系，促进学生全面发展。

（五）契合政策要求，紧跟时代潮流

近年来，各种政策相继出台，在设计研学课程之前，教育工作者必须仔细研读各种政策纲要，再经过不断讨论和实践，有选择性地将重点内容纳入研学课程的设计当中去。"双减"政策的颁布就要求我们切实做到减负提质，那么我们在设计课程的过程中，必须先仔细研读政策核心要领，再思考如何具体执行开展、将理念渗透到实际课程中去[13]。因此，研学旅行课程设计还需要随着教育政策的变化、学校课程的调整等进行持续的调整和优化。

（六）充分发挥育人价值，落实立德树人根本任务

新课程标准理念①中提到，学科课程教育的最终目标是落实立德树人的根本任务，培养有责任、有担当的民族复兴大任的时代新人。研学课程作为学校教育教学的重要组成部分，也应该落实此目标。因此，研学旅行课程设计过程中，应把课程的育人价值放在首要位置[14]。例如，在研学课程中，学生能够通过适当的体力活动锻炼身体，增强耐力，磨炼意志，养成阳光的心态，传递积极情绪，形成正确的世界观、人生观及价值观；在学习中能让德、智、体、美、劳五个方面全面发展，明确未来成为社会主义建设者和接班人的担当；能够发现中华优秀传统文化，形成文化认同，树立文化自觉自信，主动传播优秀文化，同时也能够欣赏他国优秀文化，提高鉴别文化的能力，形成包容开放的态度。通过一系列的研学实践，让学生学会做人做事、学会团结合作、学会生存[15]。

---

① 新课程标准理念来自两个文件：中华人民共和国教育部. 义务教育课程方案和课程标准（2022年版）［Z］. 北京：北京师范大学出版社，2022. 中华人民共和国教育部. 普通高中课程方案和课程标准（2017年版）［Z］. 北京：人民教育出版社，2017.

六、结束语

"双减"政策背景下，中小学研学旅行课程的实施对提升学生的综合素质、践行中小学生的社会主义核心价值观、培养合格社会主义建设者和接班人具有非常重要的作用。然而，研学旅行才被纳入我国的中小学教育教学计划，相关研究和实践才刚起步，要做好中小学生研学旅行课程的设计与实施任重道远，研学课程建设需要根据各种因素的变化来调整和优化，有效的研学课程设计还需要更多的理论支撑和实践案例研究，才能真正促进研学旅行课程在"双减"背景下发挥其应有的价值，真正实现立德树人的育人目标。

参 考 文 献

［1］李敏，赵明仁."双减"背景下课堂教学质量提升：现实困境及其路径选择［J］.天津师范大学学报（社会科学版），2022（4）：54-60.

［2］曾荣.国内外研学旅行研究综述［J］.中国集体经济，2021(22)：90-92.

［3］龙岩市人民政府办公室关于印发龙岩市中小学生研学实践教育实施意见的通知［J］.龙岩市人民政府公报，2018（8）：32-34.

［4］王丽晖.研学旅行存在的问题及对策思考［J］.新课程，2021（10）：136-137.

［5］吴颖惠，宋世云，刘晓宇.中小学研学旅行课程设计与实施策略［J］.上海教育科研，2021（3）：67-71.

［6］武迪.小学研学旅行课程设计探究［D］.上海：上海师范大学，2021.

[7] 李志伟. 铁观音制作技艺非遗研学旅行课程设计研究：基于体验学习视角和 STEAM 理念 [J]. 厦门城市职业学院学报，2022，24（3）：42-48.

[8] 李杨明惠，黄小倩，罗如海，等. 中小学中医药研学旅行的路径设计：以长沙市为例 [J]. 湖南中医杂志，2022，38（9）：96-100.

[9] 娄卫润. 中小学长城研学实践教育的推进与探索 [J]. 教育教学论坛，2022（25）：90-95.

[10] 谭欣，张云霞. 基于"1+X 研学旅行策划与管理"的旅游管理专业建设改革与实践：以柳州职业技术学院为例[J]. 新课程研究，2021(12)：25-26.

[11] 王丽晖. 研学旅行存在的问题及对策思考 [J]. 新课程，2021（10）：136-137.

[12] 熊继红. 基于体验式教育视角的研学旅行发展路径研究 [J]. 绿色科技，2021，23（3）：185-186，196.

[13] 徐晓，屈佳乐. 研学旅行课程融合设计及实践：以中国教科院丰台实验学校"立人"研学旅行课程为例[J]. 中小学信息技术教育，2021（9）：87-89.

[14] 李冬华. 在"红色研学"德育实践课程中传承红色基因 [J]. 广西教育，2021（12）：53-55.

[15] 王晓敏. 以研学旅行为载体，提升中小学生全面发展 [J]. 青春岁月，2018（21）：183.

第三部分

研学旅行产品开发

特色小镇研学旅行产品开发与建设研究
——以绵阳市青莲镇为例

李吉　刘学文　权凌枫　孙丹　王华斌　陈孟琰　黄禾

摘　要 ·······································

随着各地特色小镇建设浪潮的到来，与之相关的研学旅行产品的开发与建设也取得了重大发展。本文以"旅游+文化+教育"为发展思路，提出特色小镇的研学旅行规划策略，期望在研学旅行的发展热潮下探寻一条文化特色小镇的新型发展路径，同时可以为未来研学旅行基地的打造提出有效的指导建议。

关键词 ·······································

特色小镇；研学旅行产品；开发与建设；绵阳市青莲镇

基金项目：四川研学旅行发展研究中心项目——"特色小镇的研学旅行产品开发与建设研究——以绵阳市青莲镇为例"（项目编号：YX22-35）。

作者简介：李吉，男，绵阳职业技术学院讲师，主要从事环境艺术设计研究；刘学文，男，东北师范大学教授，主要从事环境艺术设计研究；权凌枫，男，绵阳职业技术学院艺术设计学院院长、教授，主要从事艺术设计研究；孙丹，女，四川电影电视学院副教授，主要从事环境艺术设计研究；王华斌，男，绵阳职业技术学院副教授，主要从事环境艺术设计研究；陈孟琰，男，绵阳职业技术学院讲师，主要从事环境艺术设计研究；黄禾，女，绵阳职业技术学院助教，主要从事艺术设计研究。

一、引言

随着各地经济建设浪潮的到来，特色小镇的建设与开发也迎来了热潮。研学旅行产品的开发也属于特色小镇开发与建设的一个重要方面。近年来，特色小镇的研学旅行产品开发也迎来了热潮。本文以"旅游+文化+教育"为发展思路，提出特色小镇的研学旅行规划策略，期望在研学旅行的发展热潮下探寻一条文化特色小镇的新型发展路径，同时可以为未来研学旅行基地的打造提出有效的指导建议。本文以绵阳市青莲镇为例，阐述青莲镇作为一个特色文化小镇，在研学旅行产品开发与建设方面的新型发展路径，研究研学旅行开发建设的发展方向，为未来研学旅行基地的打造贡献一份力量。

二、特色小镇的建设发展趋势

随着国家经济新常态的出现，一些小城镇正在迎来前所未有的发展机遇。国家发展和改革委员会发布了《关于建立特色小镇和特色小城镇高质量发展机制的通知》，明确了高质量发展特色小镇的主题和方法，为高质量发展特色小镇指明了方向。人们日益丰富的需求和个性化、多样化的诉求，使特色小镇在打造特色的同时，更多地注意多元化的发展，在开发当地特色资源的同时，融入了新技术、新理念，为特色小镇进一步赋能，不断推动特色小镇的建设和发展。

伴随着旅游业的蓬勃发展，国家高度重视特色文化小镇的发展，加大了对特色文化小镇的投入，特色小镇的建设正如火如荼地开展。根据不完全统计，全国特色小镇超过 400 个，省级特色小镇超过 2 000 个，伴随着需求的增多，越来越多的特色小镇还将迎来新一波的发展机遇。新业态，新需求，更优质的服务和体验定会将旅游小镇的建设推向新的高峰。

三、研学旅行产品开发建设的发展状况

研学是学校根据地区特点、学生年龄特点和各学科教学内容需求，通过集体旅游、集中住宿等方式，组织学生走出校园的活动。研学旅行能够让学生们学习到更多的知识，了解各地的风土人情，开阔视野，加深对自然和文化的理解，增加与自然与社会的亲近感，提高集体生活能力，体验社会公德的优越性。通过研学旅行，"读万卷书，行万里路"的传统教育理念和人文精神得以继承和发扬。同时，研学旅行作为素质教育的重要组成部分，能以更加全面的方式来培养中小学生的自主性、创新性和实践能力。近年来，国家出台了相关优惠政策，大力发展研学旅行产业。2013 年 2 月，国务院印发《全国旅游休闲规划纲要》，明确要求"逐步实施中小学生游学"。《"十四五"文化发展规划》《"十四五"旅游业发展规划》和《国务院办公厅关于进一步激发文化和旅游消费潜力的意见》将国家层面的研学旅行作为拓展旅游业发展空间、促进旅游消费的重要举措。因此，研学旅行产品的开发建设也在不断向前推进。

四、开发与建设青莲镇研学旅行产品的基础条件

（一）自然地理条件

青莲镇位于绵阳市和江油市之间，距江油市 12 公里，距绵阳市 23 公里。周边有天宝山、太华山、红岩山等，山水环抱，风景秀丽，环境优美。青莲镇自然环境优越，适合发展旅游业务。青莲镇具有良好的生态环境与生态状况。青莲镇共有森林面积 382.9 公顷，森林覆盖率高达 40.1%，道路和街道绿化率达到 95%。此外，青莲镇的桃花山、太华山每年 3 月都会有桃花盛开，已经成功举办多届桃花节。同时，青莲镇地处绵（阳）江（油）经济走廊，是建设绵江经济走廊的重要支撑点。利用青莲镇优越的地理位置和自然地理环境，推进研究旅行产品的开发建设，对绵阳地区旅游业的发展具有重要作用。

（二）社会经济条件

在交通条件方面，由于青莲镇自然地理位置的优势，青莲镇的交通条件也非常优越。青莲镇交通十分便利，距 108 国道入口 10 公里，距绵阳机场 28 公里，拥有绵（阳）江（油）快速通道（双向六车道高速公路），以及青莲至西平、青莲至八一等县乡公路。城际客运专线穿过城东镇，并建有青莲站。江油市宏飞公交支路 4 条、境内公交 9 条往返线路，不仅方便游客游览小镇，也方便当地民众出入。绵江快速通道穿镇而过，是中国黄金旅游线路——九（寨沟）黄（龙溪）旅游环路东线的重要节点。良好的交通环境有利于特色小镇研学旅行产品的开发和建设，也促进青莲镇旅游业的快速发展。

在政治上，青莲镇的发展得到绵阳市人民政府大力支持。绵阳市编制了《关于推进特色小镇培育的实施意见》，镇政府通过制定相关优惠政策，积极支持特色小镇的建设，不断地完善青莲镇的基础设施建设，为特色地区和特色小镇的研学旅游发展建设和研学旅行产品的开发提供政策支持，为小镇研学旅游

业的发展保驾护航。

从经济条件看，青莲镇地处绵江经济走廊，是绵江经济走廊的重要连接点，是绵阳、江油旅游业发展的重要组成部分。同时，一、二、三产业的发展和劳务输出使得青莲镇的经济发展保持了一定的增长速度，特别是政府通过制定优惠政策，吸引了从青莲镇走出去的一批成功人士回来投资，大力推动了青莲镇经济的发展，这为旅游业的发展，尤其是推动青莲镇作为特色小镇的发展，打下了经济基础。

从文化条件看，青莲镇具有丰富的历史文化底蕴。它是举世闻名的中国唐代诗人李白的故乡。这里有李白生活和学习过的地方，包括龙溪院、粉竹塔、太白寺等历史遗迹，这是纪念李白的最好的地方。有诗说："太白文轻九州，青莲雅秀自古，龙溪映日彩霞，粉竹千年幽静，罗汉仙洞可夏，红岩夜雨石牛，四方碑对月圆楼。"诗里面提到的都是青莲镇的重要景点。悠久的历史底蕴和深厚的李白文化，为推进青莲镇研学旅行产品的开发与建设奠定了文化基础。

五、研学旅行产品开发与建设的主要内容

（一）深挖旅游资源，开发研学旅行新产品

旅游资源是旅游产品开发利用的基础，是旅游产品的重要组成部分。青莲镇拥有丰富的自然景观和人文景观。群山环抱，自然山川秀美，科研和旅游自然资源十分丰富。然而，研学旅行不仅仅是旅行，更是学生在旅行过程中学习知识和自我提升的过程。

学校教育不是单方面的，而是多方面、多角度的；人才培养也不是单一维度进行的，而是多维度地进行。自然和社会也是多姿多彩的，在以"教育+文化+旅行"为主题的研学旅行活动中，可以有效实现多维度的目标，例如，探索知识的目标、培养能力的目标、丰富情感体验的目标、塑造完善人格的目

标等。

因此，在研学旅行的开发与建设中，积极利用当地旅游资源，贴近学校教学目标，设计开发具有教育意义的研学旅行产品十分重要。

研学旅行不是简单的春秋游、科普游、红色旅行等旅行方式，而是需要深入当地，让青少年真正地了解当地乡情，了解当地文化，最终实现游中学的功能。正确理解和研究研学旅行的概念和特点，根据不同目的、不同需求、不同年龄的主体组织研学旅行活动，开发优质研学旅行产品、有差异化特点的旅游产品，形成丰富的研学旅行产品体系，确立鲜明的产品主题，打造出鲜明特色的研学旅行产品品牌。研学旅行产品开发应该具有深厚的内涵，具有底蕴和吸引力，才能取得长足发展。

（二）注重品质，学游兼顾

研学旅行产品的开发应以丰富学生的文化知识、提高学生的综合素质为出发点和落脚点。然而，目前研学旅行产品的质量参差不齐，价格也没有严格的标准。建议教育行政部门和旅游行政部门共同完善研学旅行相关规范，以行业标准规范研学旅行实施过程中的操作流程和质量管控，促进研学旅行健康规范地发展。研学旅行产品本身就是为学生设计的，青少年处在特殊的人生阶段，生理年龄还不成熟，生活经历有所欠缺，对世界上的万事万物都充满了好奇心，因此在进行研学产品的开发与设计时，设计者可以充分利用青少年的这份好奇心，使他们通过感知和体验感受旅行氛围，从而提高主动观察和探索的积极性。因此，在旅行过程中，要将一定的教学环节融入其中，使教学与旅行有机结合起来。例如，学生们可做好旅行前的预备学习，在旅行中积极参与学习，在旅行后进行总结式学习，深化旅行感悟，巩固相关知识。

学校在研学旅行活动时，必须把握好"学习"与"巡游"的关系，将"学习"的严肃性与"巡游"的闲适性有机结合起来，才能达到学与游效果的统一。青少年研学旅行不是单纯的休闲娱乐，也不是简单地换个地方学习知识，而是以青少年的心理需求为基础，将学习与旅游结合起来，寓教于乐，同时不摒弃教学质量、爱国主义教育和文化学习等目标，安排符合"教育+文化+旅游"的特色内容，使青少年在获得自我提升的同时，学会学习、愉快学习。

（三）全面保障旅行安全

首先，研学旅行必须把旅行安全放在首位，保障学生的安全。对于学生和其他随行人员，应积极加强安全教育，提高旅行安全意识，通过增强意识去规范行为，克服侥幸心理。其次，学校应该加强相关研学区域的治安工作，加强旅行安全管理措施，为学生购买意外保险，提供医疗保健医生，预防事故发生。最后，合理利用景区旅行安全应急救援机制，加强旅行安全信息沟通，对于不可避免的事故，尽量减少损失。近年来，旅行安全问题频频发生，引发了一系列的后果。因此，在研学旅行产品的开发建设中，应该更加重视研学旅行中的安全问题，积极采取各项措施，做好研学旅行安全保障工作。

六、青莲镇研学旅游产品开发推进策略

（一）因地制宜，展现文化特色

1. 以李白文化为中心的研学旅行资源开发

青莲镇，是我国唐代伟大的浪漫主义诗人李白的故乡，是当今世界上反映李白文化最集中、也是最完整的地方。青莲镇得名由来即是李白又号青莲居士，故镇名为青莲镇。在 2017 年，青莲镇就已入选中国特色小镇。青莲镇作为绵阳市重点打造的"国际诗歌小镇"，最突出的特色是具有极其鲜明的文化特色和深厚的文化底蕴。因此，抓住其文化特色，将青莲镇当地的文化资源与研学旅行产品开发有效结合起来，可以打造出具有当地文化特色的研学旅行产品。

2. 打造李白特色文化的研学品牌

无论是在哪一个领域，产品品牌的建设都十分重要。在研学旅行产品的开发与建设中，打造一个优势化、专业化、特色化的品牌十分重要。青莲镇的优势文化特色是李白文化，在青莲特色小镇研学旅行文化的开发与建设中，打造一个具有李白特色文化的研学品牌，吸引游客来到青莲镇旅行，是一个有效的品牌打造方案。在打造品牌时，注意避免同质化的发展现象，要紧紧围绕当地的优势特色资源进行开发，打造优势特色品牌。同时注意不能偏离研学旅行的主题，将"学"与"游"有机结合。

（二）研学旅行产品课程化设计

1. 研学旅行与课程特性相结合

研学旅行，不是单一地旅行，而是既有"学"，又有"行"，真正做到在旅行中愉快地学习。研学旅行产品开发需将学习元素有效地融入其中，那么如何更好地融合和建设就是首先需要思考的问题。针对中小学生，可以有效结合中小学生课本进行研学旅行产品开发，课程化地开发研学旅行产品。就青莲特色小镇研学旅行产品开发与建设而言，将中小学教材中的关于李白的相关篇目与青莲镇的李白文化结合起来，积极运用到研学旅行产品开发中。因此，在青莲镇研学产品的开发中，将李白的生平、诗歌风格、诗歌作品融合其中，将李白文化融入研学产品的开发中。针对大学生，可以开展李白故居游的文化讨论，设计相关的旅行文化活动。大学生在集体旅行过程，可以进行与李白生平身世、李白诗歌作品、李白的诗歌风格等方面的讨论，发布相关文章到研学旅行平台参与评奖，文章优异者可获得免费游览李白故居地的优惠。大学生在旅行的过程中，通过参观李白故居景点，阅读李白的经典诗文，学习相关文化知识，真正做到"学"与"游"的结合。这样，既能带动学生们参与到研学旅行中，又能更加广泛地传播青莲特色小镇的李白文化。

2. 研学旅行与课程目标相结合

研学旅行的课程目标既包括基本的课程目标，如知识目标、能力目标和情感目标；又包含着其他的教育目标，如培育创新精神、培养实践能力、养成高尚的道德品质，等等。因此，在开发研学旅行产品时，不仅要按照学校的研学旅行课程计划进行结合，还应该引导学生真正地去体验、认识和认知自然及社会，从而提高自己的实践能力、创新能力和社会责任感。不仅让学生们在旅行中学习到课内与课外知识，还要让学生们在旅行中提高自己的综合素质，真正锻炼自己的能力。将研学旅行与课程目标相结合，充分体现了研学旅行的"知行合一""寓教于乐"。

（三）政府推动，群众行动

青莲特色小镇的建设离不开政府的推动作用，政府的推动作用是建立起青莲特色小镇的一个前提条件。在青莲特色小镇研学旅行产品的开发与建设中，政府主要发挥领导、指导和引导的作用。因此，在这个过程中，应该将政府发挥的作用最大化。政府应提前制定好发展战略，抓住发展机遇，找准发展位置，作出合理规划，制订好发展计划，更好地为青莲特色小镇研学旅游产品的开发与建设服务。政府在积极进行有效引导和控制的前提下，灵活放权。既要按照相关规定办事，又要合理地尊重当地居民的意见，积极推动青莲特色小镇研学旅行产品的开发与建设。

青莲镇的人民群众和其他投资企业是青莲特色小镇建设的主体，他们建设、参与的力度决定了青莲特色小镇研学旅行产品开发和建设的实际情况。因此，在青莲特色小镇研学旅行开发建设中，发挥好群众以及企业的主体作用十分重要。人民群众及相关投资企业要根据当地的实际情况，积极进行青莲特色小镇研学旅行产品的开发与建设，利用研学旅行产品开发推动当地旅游业的发展，从而带动当地经济建设的发展，带领青莲镇当地群众走向致富，提升全体人民的幸福感。

（四）研学旅游+互联网，推广研学旅游产品

研学旅游产品的开发不应单一地进行，而要打造一条"旅游+教育+互联网"的优势产业链，更好地推进研学旅行产品的开发与建设，这样才能更好地推动当地旅游产业的发展。随着信息技术的现代化，旅游不再局限于线下旅行，旅游景点、旅游文化应更具有开放性的特征。可以运用互联网传播旅游景点特色，发布相关旅游教育文章，推广相关的研学旅行教育观点，让更多的人了解到研学旅行产品。青莲特色小镇研学旅行产品在开发和建设过程中，也可以有效运用互联网，发挥互联网的强大功能，发布景点信息，介绍李白相关的文化知识，吸引更多游客来到青莲镇感受独特的李白文化。

七、结束语

综上所述，随着特色小镇建设浪潮来袭，研学旅行产品的开发与建设也正如火如荼地进行，并不断向前发展。青莲镇作为一个优质的文化特色小镇，无论是在自然资源方面，还是在社会经济条件方面，在研学旅行产品的开发与建设中具有巨大优势。青莲镇借助其特色鲜明的李白文化特色，打造特色文化小镇，积极地推进青莲特色小镇的研学产品的开发与建设。然而，其在开发与建设过程仍存在不足，本文虽已提出了部分建议和策略，但仍需不断完善和改进，以为其他地区研学旅行产品的开发与建设作出表率。

参考文献

［1］古丽华，冯长明．中华贤母园研学旅行产品开发研究［J］．旅游纵览，2022（24）：188-190．

［2］何越，张芝铭．沉浸式研学旅行产品开发与实践：以"中国进士第一村"走马异匣录项目为例［J］．文化产业，2022（33）：127-129．

［3］郑婷．基于昂普理论的非遗研学旅行产品开发研究［D］．贵阳：贵州师范大学，2022．

［4］杨静，侯智勇．乡村振兴视域下乡村研学旅行产品开发研究：以老观镇为例［J］．四川旅游学院学报，2022（4）：43-48．

［5］杜昊．文化旅游型小城镇的研学旅行规划策略研究［D］．合肥：安徽农业大学，2018．

红色研学路

——攀枝花三线建设研学旅行产品研究与推广实施

王英

摘　要 ··

　　研学旅行继承和发展了我国传统游学"读万卷书，行万里路"的教育理念和人文精神，通过"学"与"游"的有机结合，促进了书本知识和生活经验的融合。四川是三线建设的大省，攀枝花是三线建设的重点地区，通过对攀枝花三线建设研学旅行产品的研究与开发，既可以让中小学生领略到祖国山河的壮阔之美，又可以通过三线建设中发生的动人故事，对中小学生进行爱国主义教育，培养爱国情怀。

关键词 ··

　　红色研学旅行；攀枝花；三线建设博物馆；三线精神

　　基金项目：四川研学旅行发展研究中心项目——"研学旅行产品三线建设之一——攀枝花研学旅行研究"（项目编号：YX22-21）。

　　作者简介：王英，女，成都工业职业技术学院，主要从事职业教育、计算机应用、旅游地理等研究。

游学是世界各国、各民族文明中，最为传统的一种学习教育方式，在我国也由来已久。春秋时期，伟大的思想家、政治家、教育家，儒家学派创始人孔子曾率领部分弟子周游列国十四年，对后世的教书育人产生了深远的影响。研学旅行继承和发展了我国传统游学"读万卷书，行万里路"①的教育理念和人文精神，通过"学"与"游"的有机结合，促进了书本知识和生活经验的融合。近些年，研学旅行成为素质教育的重要内容。

红色研学旅行旨在以红色历史文化资源为载体，让学生在观光游览、学习探讨的过程中，汲取丰富的红色养分和强大的精神能量，接受革命传统教育、爱国主义教育，树立正确的人生观、价值观、世界观。从而达到丰富学生的精神内涵，了解红色历史，传承红色基因的目的。此外，红色研学旅行还可以培养青少年群体吃苦耐劳、坚韧朴实、勇于克服困难的品格，是生动的德育课程[1]。

20世纪60年代，由于当时中苏交恶以及美国对我国东南沿海造成威胁，

---

① 明朝董其昌的《画禅室随笔——卷二》中有："昔人评大年画，谓得胸中万卷书。更奇，又大年以宗室不得远游，每朝陵回，得写胸中丘壑，不行万里路，不读万卷书，欲作画祖，其可得乎?"

党中央做出决策，进行三线建设[2]。其主要内容是把国防工业和重工业搬迁到内陆地区，进行以加强国防为中心的战略大后方建设。三线建设对于维护国家安全，扩大战略纵深，保证国民经济的正常进行，具有重要的历史意义。三线建设以其鲜明的价值导向，宏大的建设规模，持续的国家投入，在中国当代建设史上留下了浓墨重彩的一笔。

四川是三线建设的大省，攀枝花是三线建设的重点地区，通过对攀枝花三线建设研学旅行产品的研究与开发，既可以让中小学生领略到祖国山河的壮阔之美，又可以通过三线建设中发生的动人故事，对中小学生进行爱国主义教育，培养爱国情怀。

一、攀枝花三线建设研学产品现状

（一）攀枝花具备开展三线建设研学的优势

1. 攀枝花具有丰富的三线建设历史文化元素

在众多的三线建设工程中，攀枝花钢铁基地是其中规模比较大且具有深远影响力的工程。2015 年国务院正式批准"四川攀枝花三线建设博物馆"更名为"攀枝花中国三线建设博物馆"[3]。由此可见，攀枝花钢铁基地在三线建设工程中的历史地位。早在 2017 年教育部公布的全国首批中小学生研学实践教育基础名单中，就有"攀枝花中国三线建设博物馆"。

以攀枝花中国三线建设博物馆为总馆，攀枝花相继建成攀枝花开发建设纪念馆、攀枝花大田会议纪念馆、东区兰尖故事博物馆、西区习风园三线文化展示厅、攀钢钢轨生产线、攀煤索道运煤线分馆等 31 家分馆，成为一座活态的"中国三线建设文化遗产城"[4]。

2. 攀枝花具有丰富的旅游资源

攀枝花是全国唯一一座以花命名的城市，享有"花是一座城，城是一朵花"

的美誉[5]。攀枝花是万里长江上游第一城，金沙江、雅砻江在此交汇。攀枝花是四川南向门户，是四川通往南亚、东南亚的最近点。攀枝花拥有四川唯一的亚热带水果生产基地，盛产芒果、枇杷、莲雾、石榴、草莓、樱桃等特色水果，一年四季鲜果不断。2017 年 10 月，攀枝花被原住建部命名为"国家园林城市"。

攀枝花市内有各种各样的特色旅游景点：面积广阔的二滩国家森林公园；可以俯瞰广阔田野的米易梯田；彝族古村——迤沙拉村；养生胜地——红格温泉、普达阳光国际康养度假区；中国在 20 世纪建成投产的最大的电站——二滩水电站；高山草原秘境——格萨拉生态旅游区、马鹿寨；多瀑布、钟乳石形态各异的米易颛顼龙洞。

（二）攀枝花三线建设研学产品现状

2017 年以来，攀枝花三线建设博物馆接待了全国中小学团队 1 000 多批次，青少年学生 40 万以上人次，从研学旅行规模上来看并不大。其主要原因有以下几点。

1. 专项宣传力度不够

攀枝花近年来为转型开发阳光康养城市做了大量的宣传，包括中央电视台都做了几期阳光康养城的专题报道，但相对来说，在红色研学—三线建设研学这个专项领域所做的宣传次数较少，力度不够。

2. 地理位置较为偏远

攀枝花位于四川省最南端，复线铁路开通前到成都坐火车要 12 个小时左右，造成攀枝花与四川省内包括省会成都在内的其他地区交流比较少，吸引到访的其他地区研学团队还比较少。2022 年 12 月 6 日，从成都到攀枝花的京昆铁路复线开通，通行时间从 12 小时缩短到 5 小时，一举改变了交通不便的弊端。

3. 量身打造的研学线路不够多

虽然攀枝花是英雄城的印象已深入人心，但相应的红色研学线路却并不多，在研学项目上还需做更清晰的整合。执行的力度也远远不够。

二、攀枝花三线建设研学产品的开发

从场馆建设到三线建设历史文化背景，攀枝花市具备开发三线建设研学项目的一切优势。从国家政策上来看，2013 年后，国家针对研学旅行发布了一系列重要政策[6]，特别是 2016 年，教育部、文化和旅游部等国家 11 个部门联合发布《关于推进中小学生研学旅行的意见》（以下简称"《意见》"）[7]，要求将研学旅行摆在重要位置，推动研学旅行健康快速发展。2017 年教育部发布《中小学综合实践活动课程指导纲要》，将包括研学旅行在内的综合实践活动，与学科课程并列设置，作为国家义务教育和普通高中课程方案规定的必修课程。

这一系列政策的出台结合攀枝花特有的红色资源优势，攀枝花的三线建设研学旅行大有可为。

（一）攀枝花三线建设研学产品开发的指导思想

1. 教育性原则

红色研学旅行以"教育"作为切入点，体现了"红色"的时代精神内涵。是以革命历史、革命事迹、革命精神为载体，组织接待旅游者开展缅怀学习、参观游览的主题性旅游活动。在开展爱国主义和革命传统教育的同时，坚持"寓教于乐"的思想，让孩子们透过这些活动，学到一些东西，思考一些东西，并有所收获[8]。

2. 实践性原则

实践作为一种教育方式，是学生在教师的指导下，以问题为中心，有目的地运用所学知识，在特定的实际情境中认识与体验客观世界，并基于多样性操作，分析、解决实际问题的学习过程。古人云：纸上得来终觉浅，绝知此事要躬行。① 王阳明先生说"知行合一"。以上两种说法均说明了学习与实践相结合的重要性。

3. 融合性原则

旅行是一种手段，学生在过程中能够进行深度体验，获得真正成长，感受到与自然、人、社会及历史之间的对话。但红色研学旅行并不是一段"说走就走的旅行"，应该将红色研学与旅游线路相结合，将革命传统与现实生活联系起来，提升研学项目体验感，增强研学活动互动性。用情景化的方式讲红色故事，让孩子们能从陈列展品中、从亲历者口中、从史料解读中身临其境地了解当时的情形，从而更好地传承红色基因[9]。

（二）攀枝花三线建设研学旅行产品的开发思路

本文基于对攀枝花发展三线建设研学旅行现状的分析研究，充分利用攀枝花发展三线建设研学的政策及红色资源优势，争取做到深度挖掘英雄城的红色精神内涵，设计出既满足市场要求又能达到育人价值的红色研学旅行产品[10]。

（三）攀枝花三线建设研学旅行产品的开发设计

1. 三线建设研学旅行研学线路一

参观攀枝花中国三线建设博物馆—走进攀钢厂区—走进攀钢炼铁车间—走进攀钢炼钢车间—走进攀钢轨梁车间。

2. 三线建设研学旅行研学线路二

参观攀枝花中国三线建设博物馆—参观攀枝花中国三线建设博物馆分馆习风园，了解"最美女工"房桂枝，向房桂枝雕像献花—体验背水上山—建干打垒住房—观看《雷永纪录片》—体验三块石头架口锅的生活。

---

① 出自《冬夜读书示子聿》，是由南宋诗人陆游晚年所写的一首七言绝句。《冬夜读书示子聿》是一首哲理诗，饱含了诗人深邃的教育思想理念，也寄托了诗人对子女的殷切期望。

3. 三线建设研学旅行研学线路三

参观攀枝花中国三线建设博物馆—参观攀枝花中国三线建设博物馆分馆兰尖故事微型博物馆—近距离参观兰尖铁矿—重走矿山路—参观"爱的里程"阳光馨苑户外劳动者服务站点—参观曹安国劳模创新工作室—体验农业和康养融合发展项目。

4. 三线建设研学旅行研学线路四

铁血成昆铁路感悟线：市区—拉鲊古渡—次格地—龙潭—上格达村—下格达村—马房—花棚子火车站—迤巴利—连地隧道—迤沙拉村。

攀枝花中国三线建设博物馆还根据三线建设历史，结合地方文化资源，设置了不同的研学课程，向青少年普及"三线精神"常识，目前开设的研学课程有："硬币的玩法""火种的起源""桥""从博物馆展品学物理学知识"等。课程通过寓教于乐、互动体验的方式让学生更加了解"三线精神"。

以上线路的研学旅行，可以引导青少年学生在参观旅行中，感悟三线建设过程中前辈们流血流汗凝结而成的"三线精神"。学生在探索中学习，在学习中思考，在思考中成长。通过研学旅行的方式，学生走出校园、回顾历史、学会感恩。学生在红色研学旅行过程中厚植了家国情怀，提升了思想政治素养，会更加珍惜现在拥有的幸福生活，成为合格的继承人和接班人[11]。

三、攀枝花三线建设研学产品的推广实施

（一）研学旅行企业是三线建设研学产品的实施主体

三线建设研学产品是旅游产品中的一种，应该由旅行社和旅行平台实施。但从以往的实施情况看，研学产品实施方主要有：①由学校、政府部门制作的研学课程产品。学校、政府部门属于公共教育体系，也是最靠近学生教育的组织，它们对学生的学校教育驾轻就熟，对研学旅行却一知半解。这类的研学课程设计往

往和学校的综合实践活动相结合，由学校教师带队参加活动，注重"学"多于"游"。②旅行社主导设计的研学课程。随着研学旅行的发展，近年来一些旅行社也加入了研学这个市场，它们将一些旅行线路进行了升级，对一些景区景点进行了包装，使之更适应中小学生需求。只不过由于这些研学课程一般由旅行社为主导，所以这些研学产品大多以旅游作为主线，并不是真正意义上的研学。

以上两种实施方在研学旅行的实施上各有优劣，都难以很好地达到研学旅行的目的。

2016 年《意见》发布之后，各种各样的研学旅行机构逐渐建立起来。近些年，这些研学企业成为研学旅行实施的主体。研学企业专注于研学旅行服务，优势在于具有专业的资源，具有专业的研学旅行服务与管理人员，具有专业的研学营地与基地。在课前准备、课中实施、课后监督上都有明确的标准。研学企业的缺点在于：①研学旅行产品可能与中小学的实际需求有一定偏差；②有时过于重视赢利性[12]。

针对研学企业的上述问题，可以从以下四个方面着手解决。

1. 需求调研与定制化

学校可以在开展研学旅行之前，与研学企业进行充分的沟通，明确学校的需求和期望。研学企业可以针对不同学校的需求，提供个性化的产品和方案，确保符合中小学生的实际需求。

2. 行业规范与标准化

由攀枝花市教育主管部门出面，制定明确的行业规范和标准，规范研学企业的经营行为，要求其注重教育性和学生发展，而不仅仅是追求盈利。

同时，以行业规范和标准为准绳，加强对研学企业的监管与评估，定期进行审核，并将审核结果向社会公布，确保它们按照规范提供服务。监管部门可以设立投诉渠道，接受学校和家长的反馈，并对违规行为进行处理，以保障中小学生的权益。

3. 选择优质研学企业

中小学校可以根据行业监管的评估审核情况，进行多方比较和评估，选择具有良好口碑和丰富经验，并与学校需求相匹配的研学企业。

鼓励研学企业与学校建立长期合作关系，共同开展教育活动。企业可以提供一些免费或优惠的服务，参与学校的公益项目，回馈社会。这样可以平衡企业的盈利目标与社会责任，同时加强学校和学生家长对其的信任。

4. 确保产品的质量和教育性

学校和研学企业在合作过程中要保持密切的沟通，并根据实际情况做出调整，确保研学产品的质量与教育性。

（二）中小学是三线建设研学旅行产品的需求主力军

随着人们生活水平的提高和旅游消费观念的转变，研学旅行逐渐成为旅游市场的新宠。研学旅行的市场规模呈现出逐年增长的趋势。如图 1 所示，2016 年，研学旅游市场规模为 500 亿元，到 2020 年已经达到 1 200 亿元。预计到 2025 年，研学旅游市场规模将达到 2 000 亿元。

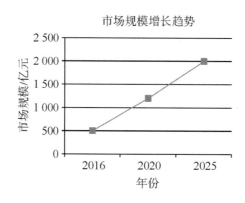

图 1　研学旅行市场规模增长的趋势

虽然说凡是带有探索、研究、学习目的的旅游行为，都在研学范畴，并不局限于学生。但不可否认，中小学才是研学旅游产品最重要的需求方。从一些研究机构的资料中可以看到，研学旅行的受众群体主要是学生和家长。其中，小学生占比35%，初中生占比30%，高中生占比20%，大学生占比10%，家长占比5%（见图2）。这说明，研学旅行主要是面对中小学生[13]。

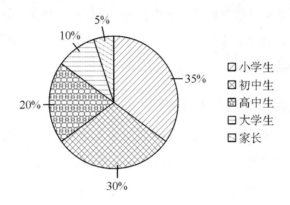

图2　研学旅行的受众群体占比

攀枝花市政府部门历来重视三线建设红色研学的开展。2021年，攀枝花中国三线建设博物馆晋升为全国爱国主义教育示范基地，之后攀枝花市又新建了多个红色教育基地。但从目前这些基地的实际参观人数和参观人员年龄构成比例来看，三线建设研学旅行的市场开发还很不充分，要做的工作还有很多。建议攀枝花市教育主管部门加强以下四方面的工作。

1. 整合红色资源

收集攀枝花市及周边地区的红色资源，包括革命历史遗址、纪念馆、红色文化传承人等，并加以整合。

2. 设计研学项目

根据红色资源和目标受众，设计符合市场需求和教育特点的研学项目。这些项目可以包括红色历史展览、主题研学活动、实地考察等，旨在通过互动参与和实践体验，激发学生对红色历史的兴趣。

3. 推广宣传

通过多种渠道，如媒体、社交媒体、与学校合作，面向全省乃至全国推广宣传攀枝花的三线建设红色研学项目。向学校、学生和家长介绍项目的特点和教育性，提高他们对三线建设红色研学的认识和兴趣。

4. 合作交流

与其他地区的红色研学机构、学校和社区进行合作交流，分享经验和资源，提升攀枝花市的红色研学水平。可以举办交流会议、研讨会和合作项目，促进红色研学事业的共同发展。

（三）高校是三线建设研学旅行的指导方

一个好的研学旅行产品的完成，需要协调多环节、多部门、多种资源。高校介入三线建设研学旅行的价值主要体现在以下几个方面。

1. 培养具有跨学科背景的研学导师

研学旅行的关键在于研学导师。研学旅行的本质是"教育+旅游"，要实现教育和旅游核心元素的跨界融合，关键在于研学导师，导师是研学课程实施的核心因素。三线建设研学要在博物展馆、自然景区、人文遗迹、乡村田野、营地社区乃至企业工厂等社会化场景中进行体验式学习，研学导师需要在学生的旅行学习过程中与学生进行大量互动，在互动中学生会收获难忘的经历和知识。优质的研学导师，是研学旅行服务机构具备竞争力的关键，也是研学旅行这一政策落地及成功实施的基石[14]。

2. 聚焦专业课程设计，并使之标准化、规模化

据不完全统计，2023 年国内研学旅行机构达 15 000 余家，其中，相当一部分机构是根据国家政策风向涌入的旅行社等"教育门外汉"，导致目前很多研学旅行产品流于形式。专业课程设计能力成为研学旅行服务机构竞争力的核心。高校可成立三线建设研学旅行专业课题研究组，利用自己的专家资源优势，聚焦攀枝花三线建设研学旅行课程设计。

（四）各级政府是攀枝花三线建设研学旅行的推手

2021 年四川省召开了首届研学旅行大会，从那以后，文化和旅游部门与教

育部门携手推动研学旅行，研学旅行全行业呈现出蓬勃发展的趋势。党的二十大提出，坚持以文塑旅、以旅彰文，推进文化和旅游深度融合发展。研学旅行让学生走出课堂，融入社会，把大量信息变成实践项目，这对于提高青少年综合素质，促进其全面发展具有重要意义。近年来，各级政府一直在建设高质量的研学旅行基地，培育组织化、专业化的研学旅行机构，搭建善于统筹协调的研学旅行平台，全面助推研学旅行的实施。

攀枝花市一直把保护、传承和弘扬三线建设历史文化、发扬光大三线建设精神，当作义不容辞的历史责任。政府近年来围绕三线建设研学旅行新建了系列场馆基地，极大地丰富了红色旅游资源[15]。

（五）各方携手，做好三线建设研学旅行产品的实施

攀枝花三线建设研学旅行产品是发挥英雄城红色研学教育功能的基础，但推广实施是否成功，需要以上四方携手合作，各尽所能。

在具体实施中，高校一方面应与中小学合作，不断完善研学旅行课程；另一方面应与研学企业合作，培训优秀的研学导师。中小学应明确提出自己的课程需要，并做好研学旅行项目的招标工作。研学企业应积极听取中小学的课程要求，并按要求做到规范化、标准化。同时研学企业还应积极参加培训，提升自己的研学导师水平，提升自己的核心竞争力。政府则应对各学校的研学旅行项目招标工作做好指导和监督工作，并对三线建设研学旅行产品进行政策上的支持和实施上的指导。

三线建设对攀枝花的建设发展具有重大意义，重视三线文化建设，保护三线建设工业遗产是波澜壮阔的三线建设的历史要求。攀枝花三线建设研学旅行，将研学旅行与三线文化相结合，寓思想道德教育于参观游览之中，将革命历史、革命传统和革命精神通过研学旅游传输给中小学生，有利于传播先进文化、提高学生思想道德素质，增强爱国主义教育效果，还有利于保护和利用革命历史文化遗产，建设和巩固社会主义思想文化阵地。

参考文献

［1］向春燕.基于红色旅游资源的研学旅行产品开发：以重庆红岩景区为例［J］.重庆文理学院学报，2021（1）：68-79.

［2］霞飞.毛泽东在上世纪六十年代的一个重大战略决策［J］.辽宁：中共辽宁省委党史研究室，党史纵横，2008（1）35-37.

［3］王玉华.展示三线建设历史＿＿弘扬三线建设精神攀枝花中国三线建设博物馆开馆，城乡建设，2017（1）27-30.

［4］四川文旅厅，边游边学-去攀枝花，重温峥嵘"三线文化"［EB/OL］.https://baijiahao.baidu.com/s？id=1763566455497405230&wfr=spider&for=pc.

［5］四川文旅厅，四川这座以花命名的城市，不只有花和阳光［EB/OL］.https://baijiahao.baidu.com/s？id=1762751708008110687&wfr=spider&for=pc.

［6］国务院办公厅.国务院办公厅关于印发国民旅游休闲纲要（2013—2020年）的通知［EB/OL］.https://www.gov.cn/zhengce/zhengceku/2013-02/18/content_3928.htm.

［7］教育部，教基一，教育部等11部门关于推进中小学生研学旅行的意见［Z］.（2016-11-30）.

［8］范妮娜.青少年红色研学旅游产品开发研究：以沙家浜风景为例［J］佳木斯职业学院学报，2019（5）：68-70.

［9］谢春山.研学旅游的内在运行机制及其优化研究［J］.旅游研究，2021（1）：1-13.

［10］胡果.研学旅行要突出社会主义核心价值观教育［J］教学与管理，

2019（12）：9-11.

[11] 杨艳利. 研学旅行：撬动素质教育的杠杆 访上海师范大学旅游学系系主任朱立新教授 [J]. 中国德育，2014（17）：21-24.

[12] 国家旅游局. 研学旅行服务规范 [EB/OL]. 2016-12-19.

[13] 李东和. 学生群体对研学旅行的认知、满意度及行为意向关系研究：以合肥市部分中学为例 [J] 皖西学院学报，2016（5）：103-110.

[14] 石文昊. 我国研学旅行研究现状、热点及发展趋势 地理教学 2022-12-15.

[15] 三线建设博物馆."四史教育"线路精品点位 攀枝花中国三线建设博物馆 [J]. 廉政瞭望 2021（11）：18-21.

四川历史名人的研学旅行产品开发路径探究

张辉辉

摘 要

青少年时期是人的价值观、人生观和世界观形成的关键时期。因此，加强青少年时期的教育，对家庭、社会和国家的发展显得至关重要。而历史名人作为历史的见证者、创造者和承载者，一方面名人事迹反映了其所处时代的发展状况、脉络和进程，另一方面其拥有的优秀品质也是地方文化和中华优秀传统文化的典型代表。因此，从研学旅行的主要目标客户群——青少年的特点和需求出发，提炼四川历史名人的当代价值，对于探索历史名人研学旅行产业化的发展路径，具有重要意义。本文从微观视角探究了基于四川历史名人的精神特质进行研学项目开发的路径，并提出四川历史名人研学项目的开展建议。

关键词

四川历史名人；研学旅行；产业化

基金项目：四川研学旅行发展研究中心项目——"四川历史名人研学旅行产品开发：以四川首批十大历史名人为例"（项目编号：YX22-11）。

作者简介：张辉辉，女，成都银杏酒店管理学院副教授，历史学硕士，主要从事旅游文化、历史地理研究。

一、问题提出

2016 年，研学旅行被纳入中小学生的必修课程，这标志着我国研学旅行进入新的发展阶段。2021 年 5 月，四川省文化和旅游厅、省教育厅联合主办了全省研学旅行大会，四川省教育厅等 14 部门联合发布了《关于进一步推进中小学生研学旅行实践工作的实施意见》，进一步规范组织活动、加强课程建设、优化线路设计、加强基地（营地）管理、完善评价管理，明确了诸多促进研学旅行发展的具体措施，为政府、学校、机构和社会组织参与研学旅行提供了明确而细致的指引。[1]此外，四川以标准提质量，以样板促整体，以人才促发展，制定发布了《研学旅行基地（营地）设施与服务规范》《研学旅行实践活动设计规范》两个地方标准，推进省级研学旅行实践基地的创建与评选，以赛促人才提升，指导和引领四川省研学旅行产业向高质量发展。同时，四川省内多方、多地主动作为、因地制宜，积极探索研学旅行的新理念、新路径，形成了独具特色的发展模式，为四川乃至全国研学旅行的发展提供了经验借鉴。

据《四川历代文化名人辞典》统计，四川历史名人数量达 2 340 余名[2]。

大禹、李冰、扬雄、落下闳、诸葛亮、武则天、李白、杜甫、苏轼、杨慎等入选首批四川历史名人。这些四川历史名人的典型代表，具有丰富的文化旅游资源遗存和极高的当代价值，且在公众中知名度极高。而研学旅行是我国落实素质教育和促进文旅产业发展的重要路径。考虑到青少年活动空间的一般特点及政策要求，研学旅行又具有典型的地域化及省域化特征，所以四川历史名人既是落实研学旅行素质教育的重要载体，也是四川文化和旅游产业发展的重要资源。总体来说，四川研学旅行产业呈现着需求和供给双旺的区域独特性。

研学旅行是培养学生核心素养的重要抓手。[3]探讨四川历史名人的当代价值在研学旅行产业的应用，具有文化、教育、旅游三个方面的重大意义。因此，在传承和发展四川历史名人当代价值以及研学旅行产业蓬勃发展的大背景下，梳理四川历史名人当代价值及其研学旅行产业发展现状，运用研究成果转化、产业发展和产业集群的理论，形成四川历史名人的研学旅行系列产品，并由此形成四川历史名人当代价值转化及其研学旅行产业开发的路径，进而实现其产业化的发展模式，对推动四川研学旅行产业和文化产业的特色化、差异化发展具有重要作用。

二、历史名人及研学旅行的概念

（一）历史名人概念

历史名人是指历史人物中具有盛名的人，是具有时代价值的文化遗产，也是主流价值观、主流文化观长期筛选出来的集中代表，很多时候还出现在跨文化交流的研究中，对当代社会具有重大的建设性价值。[4]这些历史名人需符合主流价值观，因此那些以负面作用为主的历史人物并不在此列。如秦桧、魏宗贤、马步芳等历史人物，不宜作为研学旅行视域下的历史名人来开展相应研究或活动。

（二）研学旅行概念

研学旅行具有广义和侠义之分。广义的研学旅行是指出于求知的需要，前往异地开展研究性、探究性的专项旅行。狭义的研学旅行是指由教育部门和学校有计划地组织安排，通过集体旅行、集中食宿方式开展的研究性学习和旅行体验相结合的校外教育活动，是学校教育和校外教育衔接的创新形式，是教育教学的重要内容，是综合实践育人的有效途径。[5]

著名教育学家陶行知曾提出"生活即教育""社会即学校"。研学旅行很好地继承和发展了传统游学、"读万卷书，行万里路"的教育理念和人文精神，是素质教育的新内容和新方式，无论是对于提升中小学生的自理能力、创新精神和实践能力，还是对于满足中小学生的求知欲，都具有积极作用。

（三）历史名人研学旅行的概念

历史名人研学旅行是一种非常受欢迎的教育形式，通过对历史名人的研究和探究，结合实地考察、文化体验、互动体验和学术研究等多种形式的教育活动，学生可以深入了解历史名人的生平和事迹，增强对中华文明历史和文化的认识和理解，从而增进文化自信自强。

三、四川历史名人的当代价值

四川作为文化大省和中华文明的重要起源地之一，历史文化积淀深厚，名人巨匠灿若星辰，历史名人资源秀于全国。四川历史名人作为四川历史的传承者、创造者、见证者，是四川乃至中华优秀传统文化的重要组成部分。[6]对全面建成小康社会，实现社会主义现代化和中华民族伟大复兴，推进中国特色社会主义事业建设具有重要意义，具体体现在历史名人的政治价值、经济价值、文化价值、社会价值和生态价值五个方面。

（一）政治价值

历史名人的政治价值不仅仅是对历代政治得失的掌握，更对当代政治制度和政治文化的发展具有重要的借鉴和启示作用，对于推动政治制度和政治文化的进步和发展，具有重要的意义。

四川历史名人的政治价值体现在多个方面。首先，四川历史名人的政治成就和思想对历史的发展和演变产生了深远的影响，他们的政治思想和实践对后来的政治制度和政治文化产生了重要的影响。其次，四川历史名人的政治成就和思想对当代政治发展和政治文化的发展具有重要的借鉴和启示作用。他们的政治智慧、政治理念和政治实践，对于当代政治制度和政治文化建设具有重要的参考价值。最后，四川历史名人的政治成就和思想是四川也是中国历史文化的重要遗产，对后人研究和了解中国历史政治文化具有重要的参考价值。故而，历史名人身上蕴含着丰富的思想政治教育内容。[7]

（二）社会价值

历史名人的社会价值不仅仅是对历史发展进程的了解，更对培养与发展当代社会的价值观念有着重要作用。[8]历史名人的思想、艺术、文学和科学等方面的成就，对当代社会的文化传承和社会进步产生了重要的推动作用，对推动社会的价值观和道德标准的提升和发展，具有重要的影响和引导作用。四川历史名人的社会价值可以从多个方面来看待。

首先，四川历史名人的思想、艺术、文学、科学等方面的成就，对后来的文化和社会发展产生了深远的影响。比如文翁兴办教育，推动了地方文化的繁荣和人民整体素质的提升。

其次，四川历史名人的品德、行为和思想等方面的表现，对当代社会的道德修养和行为规范具有重要的借鉴和启示作用。他们的品质、勇气和智慧等方面的表现，对当代社会的价值观和道德标准具有重要的影响和引导作用。比如

"和平老人"邵从恩，抗战期间主张停止内战，坚持国共合作、团结抗日；抗战结束后，斡旋于国共之间，为国内和平奔走呼号。

最后，四川历史名人传承下来的文化、艺术和思想等是我们宝贵的文化遗产。保护和传承历史名人的文化和精神遗产，对推动文化多样性和交流、促进文化创新和发展、提升国家的文化软实力等方面都具有重要的意义。如苏东坡入选"近千年来百位全球最具影响力的人物"，李白、杜甫更是享誉全球的唐代诗歌的"珠峰"，他们也成为世界了解中国文化的重要途径。

（三）文化价值

四川历史名人的文化成就和思想，对推动四川乃至中国文化的传承和发展、促进文化多样性发展、提升国家的文化软实力等方面具有重要的意义。四川历史名人的文化价值主要体现在以下几个方面。

其一，文化传承方面。四川历史名人是四川乃至中国文化发展的重要代表，他们的思想、艺术、文学、科学等方面的成就，对中国文化的发展和传承产生了深远的影响。比如，四川的织锦、蜀绣、漆器已成为今天中国文化的世界名片。

其二，文化创新方面。历史名人是中国文化创新的重要推动者，他们的创新思维、创新方法和创新成果，对中国文化的创新和发展产生了重要的影响和推动作用，对当代文化的创新和发展也具有重要的借鉴和启示作用。比如，四川的卓筒井技术已被应用于石油开采领域。

其三，文化交流方面。四川历史名人是四川乃至中国文化交流的重要使者，他们的文化成就和思想，是四川地域文化与中国文化、中国文化与世界文化交流的重要桥梁，对促进文化多样性和交流具有重要的推动作用。

（四）经济价值

历史名人的经济价值既体现在其对所处时代的社会经济发展的积极贡献，

更体现在对于当代经济的创新和发展的启示和推动作用。四川历史名人的经济价值主要体现在以下几个方面。

首先，四川历史名人在科学、技术和创新等方面的成就，对当代科技创新和发展有着重要的启示和推动作用。他们的创新思维、科学方法和技术手段等方面的贡献，对当代人的科技创新和发展有着积极的引导和推动作用。如"中国慈善第一人"尹昌龄将"生产和福利"相结合，提出"救济不如自救"，推崇"教重于养"，并提出"社会惟工业谋生较有把握，且可长远"，这种"授之以渔"的理念，这在今天都是极具先进性的。[9]

其次，四川历史名人的品德、行为和思想等方面的表现，对孕育企业家精神、培养商业道德具有重要的借鉴和启示意义。他们的品质、勇气和智慧等方面的表现，对当代企业家和商人的行为规范具有重要的影响和引导作用。如尹昌龄秉承先贤的理念"子孙若如我，留钱做什么？子孙不如我，留钱做什么？"，拼尽全力庇护军阀混战之下的 8 000 多名鳏寡孤独及弃婴，将慈惠堂发展壮大为当时中国最大的慈善组织，留给社会丰厚的慈善资产，却不曾为自己的家人留下一间屋。[10]

最后，四川历史名人的文化、艺术和思想等方面的遗产，也可以成为旅游和文化产业的重要资源，对经济发展具有重要的促进作用。

（五）生态价值

我国传统生态思想对生态秩序、生命意识的探索与发展，时至今日仍然存在价值。[11]历史名人的生态价值不仅体现在历史进程中对于生态观的实践与探索，还体现在对于后世的生态环境保护和治理的推动和促进。四川历史名人的生态价值可以从多个方面来看待。

首先，四川历史名人对于生态环境的保护和治理具有重要的贡献。他们的治理思想、生态伦理观和生态保护实践，对当代生态环境的治理和保护具有重要的启示作用。如李冰"道法自然，天人合一"的治水理念，便是对生态保护和生态实践的最好例证。

其次，四川历史名人在文学成就中体现出的对生态秩序、生命意识的探索，也对当代人建立生态伦理观和生态意识产生了深远影响，对推动生态文明建设产生了重要的影响和推动作用。

最后，四川历史名人的生态保护和治理实践，也可以成为当代生态保护和治理的重要参考和借鉴。如文翁正是基于李冰和大禹以疏导河川治水为主导，利用水向低处流的自然趋势治理水患，修筑通济渠，解决"湔山"旱涝问题。

因此，四川历史名人的价值可以从多个角度来看待。首先，他们是中国文化历史上的重要代表，他们的思想、艺术、文学、科学等方面的成就对中国文化的发展和传承产生了深远的影响。其次，他们对四川地区的发展也做出了重要贡献，推动了四川经济、文化、科技等各个领域的发展。最后，他们也是中国历史文化的重要遗产，对后人研究和了解中国历史文化具有重要的参考价值。因此，保护和传承四川历史名人的文化和精神遗产，对提升四川的文化软实力、推动社会进步和发展、促进文化多样性发展等都具有重要意义。

四、四川历史名人研学旅行产业化发展探究

历史名人研学是一种结合实地考察、文化体验、互动体验和学术研究等多种形式的教育活动，旨在让学生深入了解历史名人的生平和事迹，增强学生对历史文化的认识和理解。近年来，随着旅游业的发展，历史名人研学旅行也逐渐成为旅游业的一部分，吸引了越来越多的游客前来参观。[12]四川历史名人研学旅行产业化开发，既需要从宏观的角度探讨产业化的路径，也需要从微观角度从各类历史名人自身出发，进行产品开发。

（一）四川历史名人研学旅行产业化路径

1. 产业化前期准备

历史名人研学旅行产业化的前期准备包括市场分析、资源整合、品牌建设和人才培养等方面。市场分析是历史名人研学产业化的基础，需要了解市场需求和竞争情况，确定研学主题和产品定位。资源整合是历史名人研学旅行产业化的关键，需要整合当地的历史文化资源、旅游资源和教育资源等，建立起完整的产业链条。品牌建设是历史名人研学产业化的重要环节，需要打造具有影响力和品牌价值的历史名人研学品牌。人才培养是历史名人研学旅行产业化的保障，需要培养一支具有专业知识和技能的历史名人研学团队，为产业化提供支持和保障。

2. 产业化运营阶段

历史名人研学旅行产业化的运营阶段包括产品开发、市场推广、服务管理和质量控制等方面。产品开发是历史名人研学旅行产业化的核心，需要根据市场需求和客户反馈不断优化产品，提高产品质量和服务水平。市场推广是历史名人研学旅行产业化的重要手段，需要通过多种渠道和方式宣传历史名人研学旅行品牌，提高品牌知名度和美誉度。服务管理是历史名人研学产业化的关键，需要建立起完善的服务体系，提供全方位、个性化的服务，为客户提供优质的体验和服务。质量控制是历史名人研学旅行产业化的基础，需要建立起科学的质量管理体系，定期进行质量检查和评估，提高产品质量和服务水平。

3. 产业化发展阶段

历史名人研学旅行产业化的发展阶段包括品牌扩张、产业升级、国际化拓展和科技创新等方面。品牌扩张是历史名人研学产业化的重要目标，需要通过多种方式扩大市场份额和影响力。产业升级是历史名人研学旅行产业化的重要途径，需要不断提高产品质量和服务水平，增加附加值和差异化竞争力。国际化拓展是历史名人研学旅行产业化的重要方向，需要开拓海外市场，引进和输出历史名人研学旅行产品和服务。科技创新是历史名人研学旅行产业化的新动能，需要借助新技术和新模式，提高产品质量和服务水平，增强市场竞争力和创新能力。

（二）四川历史名人研学旅行产业化的发展建议

1. 建立产业共同体

历史名人研学产业化需要建立起产业共同体，整合各方资源，形成合力，在市场竞争中占据优势。产业共同体可以通过历史名人联盟、协会、研究中心、研究学会等方式建立，实现产业链条的衔接和优化，提高资源利用效率和市场竞争力。这些共同体之间，通过产学研教的深度融合，可以产生一些常态化的合作，如共同的研究课题、学生实习、研讨会议等形式，使合作得以长期化，并且逐步磨合产生更为深度的合作。

2. 推动政策支持

历史名人研学旅行产业化需要政策支持，包括财税优惠、土地使用、人才引进和市场准入等方面。政策支持可以加速历史名人研学旅行产业化的发展和壮大，提高市场竞争力和社会影响力。比如，作为李白故里的江油，因缺少李白相关的著名遗迹而在文化旅游市场竞争力偏弱，但在研学旅行市场则可通过设计丰富的活动和活态展示来有效弥补这一劣势。故而在类似这样的旅游地提供政策支持，培育研学旅行产业发展壮大，不失为一种可行的选择。

3. 加强人才培养

历史名人研学旅行产业化需要加强人才培养，培养一支具有专业知识和技能的历史名人研学团队，为产业化提供支持和保障。人才培养可以通过多种途径和方式进行，一方面可通过社会化人才培养如招聘、培训、考核等，提高历史名人研学团队的整体素质和能力；另一方面可以通过高校的专业教育加快研学人才培养，[13] 比如，在旅游管理专业大类下开设研学旅行课程和历史名人相关文化类课程，或在开设研学旅行专业时，将旅游资源学等课程均融入历史名人等培养专业人才。此外，还可以开展短期培训班等来加强人才培养。

4. 增强创新能力

历史名人研学旅行产业化需要增强创新能力，借助新技术和新模式，提高产品质量和服务水平，增强市场竞争力和创新能力。创新能力可以通过技术创新、管理创新和模式创新等方面实现，提高历史名人研学旅行产业化的发展速度和质量。历史名人研学旅行产品的创新，应注重相关专利的开发，从而使知识的创新能够不断沉淀和转化为经济价值和社会价值。

5. 建立品牌形象

历史名人研学旅行产业化需要建立品牌形象，打造具有影响力和品牌价值的历史名人研学品牌。品牌形象可以通过品牌建设、市场推广和服务管理等方面实现[14]，提高历史名人研学品牌的知名度和美誉度，增强市场竞争力和社会影响力。在实践过程中，还可以考虑形成一些具有区域地理标志的品牌，从而助力区域产业发展。

（三）四川历史名人研学旅行产品的开发路径

1. 明确研学目标

历史名人研学的目的在于让学生深入了解历史名人的生平和事迹，并通过实地考察和体验，增强学生对历史和文化的认识和理解，增进文化自信。在开发历史名人研学项目时，需要明确研学目标，包括学生应该掌握的知识、技能和情感体验等方面。[15]在确定研学目标之前，还应充分调研学生的能力和水平，以及其预期教学目标。

2. 确定研学主题

历史名人研学的主题可以围绕某位历史名人的生平和事迹，也可以是一个历史时期或事件。在确定研学主题时，需要考虑学生的年龄、兴趣爱好和学习需求等因素，以及当地的历史文化资源。所拟主题既要有历史价值，还应彰显时代精神。同时，主题选择还应当尽可能根据活动时间而做到聚焦，使之成为一个"能够被记住"的活动主题,然后再从课程规划、课程实施、课程评价三个方面设计研学主题课程。[16]

3. 设计研学活动

在设计研学活动时,需要考虑活动的安排、内容和形式,以及学生的安全和教育效果等因素。历史名人研学的活动包括实地考察、文化体验、互动体验和学术研究等方面。研学活动设计不能纸上谈兵,必须首先去实地进行考察和排练,以评估活动方案的可行性、安全性和趣味性。而历史名人相关的研学活动,在考虑文化体验活动时应考虑到趣味性,在考虑互动体验活动时应同时考虑到文化性。从产学研相融合的角度,在设计研学活动时还可以同步考虑学术研究方面的内容。此外,还应结合历史名人的特点和现有资源特色,提供多样化的学习资源。

4. 组织研学团队

历史名人研学需要组织一支专业的研学团队,包括教师、导游、讲解员和安全保障人员等。这些人员需要具备专业的知识和技能,能够为学生提供全面的服务和支持。研学团队成员还应做到一岗多能,同时也应当人人都有安全意识,并承担相应的安全保障任务。团队的内部应当定期学习,打造学习型组织,在实践过程中不断总结提升工作能力。同时我们还应认识到研学团队是一个动态发展的团队,且面对的团队成员的变化。因此在一个组织初步成型之后,应当考虑明晰岗位职能,并着手培养后备人才。

5. 评估研学效果

历史名人研学的效果需要进行评估,以确定教育目标是否达到。评估可以通过问卷调查、观察记录和学生成果展示等方式进行。问卷调查是非常重要的评估方法,同时若参与研学活动的学生年龄普遍偏小的话,应当考虑对教师代表或家长代表进行问卷调查或深度访谈,以获得更多的效果反馈。同时还应当对单次活动的效果有正确的认识,不夸大其效果和长期作用。在实际评估过程当中，还应当注意评估的及时性，最好在活动的末期或者是活动刚刚结束之时，开展评估和反馈。

五、结束语

四川历史名人灿若星辰，在推动四川乃至中国的发展方面起到了积极作用，是四川乃至中华优秀传统文化的杰出代表。利用好四川历史名人，对于弘扬和发展地方文化具有积极作用。历史名人研学旅行产业化是一种重要的文化产业，可以为社会经济发展和文化事业繁荣作出贡献。历史名人研学旅行产业化的路径包括产业化前期准备、产业化运营阶段和产业化发展阶段三个阶段。历史名人研学产业化需要建立产业共同体、推动政策支持、加强人才培养、增强创新能力和建立品牌形象等方面进行。历史名人研学旅行产业化的发展需要政府、企业、社会和学术界的共同努力，形成合力，实现共赢。

历史名人研学旅行是一种非常有意义的教育形式，可以让学生更深入地了解历史和文化。在开发历史名人研学旅行项目时，需要确定研学目标、选择研学主题、设计研学活动、组织研学团队和评估研学效果等方面。同时，需要注重学生体验、提供多样化的学习资源、注重学术研究和强调安全教育等。历史名人研学旅行项目可以为学生提供一个全面的历史文化教育平台，让学生在实践中学习，在体验中成长。

参考文献

［1］何振，王琳玲，王燕林. 研学旅行的四川探索［N］. 中国旅游报，2022-07-28.

［2］《巴蜀历代文化名人辞典》编委会. 巴蜀历代文化名人辞典［M］. 成都：四川人民出版社，2018.

［3］黎玲. 四川研学旅行发展现状及对策研究［J］. 四川省干部函授学院学报，2019（4）：10-15.

［4］张辉辉，王小红. 历史名人公众关注度差异性对区域文化产业发展的启发：以首批四川十大历史名人为例［J］. 中华文化论坛，2020（2）：135-145，160.

［5］宋承惠. 研学旅行：让学生在行走的课堂中学有所得［N］. 中国文化报，2023-02-07.

［6］张辉辉. 历史名人文化产业创新发展路径研究：以杜甫为例［J］. 乐山师范学院学报，2022，37（10）：56-66.

［7］刘燕. 以历史人物研究推动提升思政课教育的有效性［J］. 高校辅导员，2021（2）：25-29.

［8］高能. 论历史人物在初中历史课程教学中促进价值观培养探究［J］. 新课程导学，2018（6）：25.

［9］何启明. 咏四川首批十大历史名人[J]. 巴蜀史志，2021(1)：129-130.

［10］谭希松. 历史名人文化资源保护与利用研究［D］. 成都：西华大学，2022.

［11］马烨. 我国传统生态思想的当代价值［J］. 环境工程，2021，39（12）：I0049.

［12］罗阳. 初中历史课程实施中的四川十大历史名人资源研究［D］. 成都：四川师范大学，2020.

［13］申桂娟. 研学旅行管理与服务专业人才培养模式的构建［J］. 开封大学学报，2020，34（2）：60-62.

［14］彭昱剑. 池州历史名人文化资源开发利用研究［D］. 武汉：华中师范大学，2022.

［15］黄芳. 研学旅行视角下名人故居（纪念馆）地域文化教育的探索：以红线女艺术中心为例［J］. 中国民族博览，2022（20）：88-91.

［16］陶沙，韩宁，范丽仙. 初中生物学研学旅行主题课程的设计：以昆明植物园研学旅行为例［J］. 中学生物教学，2023（2）：17-20.

基于传承人视角的传统技艺类非遗研学旅行开发研究

——以四川为例

刘婷

摘 要 ···

　　非遗的传承人根植于传统技艺类非遗资源的历史文脉中，熟悉四川本土的技艺类非遗资源的艺术本质及功能价值。基于传承人视角，从内部视角审视技艺类非遗研学旅行的开发，将在最大程度上契合非遗资源的原生性，同时实现其创新价值和文化传承。本文通过对四川省传统技艺类非遗资源进行统计分析，掌握其资源分布情况，同时抽取15项传统技艺类非遗项目，并对其传承人进行网络调研、问卷调查，对四川省传统技艺类非遗研学旅行发展现状进行梳理和总结，提出具有地方文化特色、以非遗技艺为主题的研学旅行产品开发价值及开发策略。

关键词 ···

　　传统技艺类非遗；研学旅行；开发；传承人

　　基金项目：四川研学旅行发展研究中心项目——"文化强国背景下基于传承人视角的传统技艺类非遗研学旅行开发研究"（项目编号：YX22-49）。

　　作者简介：刘婷，女，硕士，四川信息职业技术学院助教，主要从事非遗旅游研究。

一、引言

习近平总书记提出"文化兴则国家兴，文化强则国家强"，要推动社会主义文艺繁荣发展、建设社会主义文化强国。传统技艺蕴含中华民族优秀文化价值观念、思想智慧和实践经验，是我国非物质文化遗产（以下简称"非遗"）的重要组成部分。振兴传统技艺，对延续历史文脉、培育和弘扬精益求精的工匠精神、坚定文化自信、推动社会主义文化强国建设具有重要意义。《"十四五"文化和旅游发展规划》中指出，要鼓励依托文物、非遗资源大力发展文化遗产旅游、研学旅行等，鼓励各研学企业、博物馆、工业遗迹、有非遗特色的乡村等结合本地特色资源开发具有非遗特色的研学旅行产品。传统技艺类非遗是一种重要的研学旅行资源，具有重要的教育价值和丰富的文化内涵。

传统技艺类非遗研学旅行是非遗技艺、教育和旅游相融合的产物，能将体验式教育、研究性学习、优秀文化传承三者结合，是实现传统技艺类非遗传承与保护、工艺振兴、文化自信培育的重要途径。四川历史文化悠久，传统技艺类非遗资源丰富。传统技艺类非遗研学旅行的发展能实现"非遗+教育+旅游"

的完美融合，对拓宽四川传统技艺类非遗的当代生存与发展空间，有效实现传统工艺振兴，实现文化和旅游的深度融合，进一步丰富旅游业态，提升旅游文化内涵、坚定文化自信具有重要意义。在文旅强省目标下，笔者思考从研学的角度促进四川传统技艺类非遗的传承、保护与发展，持续推进文旅深度融合，具有重要的现实意义。而非遗传承人根植于传统技艺类非遗资源的历史文脉中，掌握了传统技艺技能，熟悉四川本土的技艺类非遗资源的艺术本质及功能价值，因此，从内部视角审视非遗研学旅行的开发，将最大程度上契合非遗资源的原生性，同时实现其创新价值，实现优秀民族精神的传承。故基于传承人视角，融合优质非遗资源内容，开发适宜的传统技艺类非遗研学旅行意义重大。

二、文献回顾

国外通常将研学旅行称为"education tourism"，研究重点主要集中在研学旅行的动机及影响因素、研学市场与产品开发两大方面。国外学者将研学旅行的动机归纳为社会性、文化性、心理性、生理性、幻想性5个维度[1]，具体可表现为工作期望、生活与教育质量、机构影响、学费奖学金和低歧视率等[2]。他们普遍认为实现自身价值才是研学旅行的根本动机[3]。他们认为影响研学旅行的因素由内因（学生个人因素）、外因（旅游地资源、消费水平等）构成[4,5]。并且许多学者将农业、工业、文化、科技等与研学旅行结合，从而实现研学旅行市场的开发和优化产品设计[6-8]。

国内的研学旅行研究起步晚、发展快，主要集中在教育学领域，以课程设计为主。许多学者从供给侧出发，基于管理学或教育学的视角，运用定性或定量的研究方法分析案例地的研学旅行市场或产品开发，提出开发举措[9,10]或建议[11,12]；也有少部分学者从供给侧的角度出发对研学旅行的产品开发进行研究。

国内外关于研学旅行的研究内容多样，研究方法主要有文献研究法、调查研究法、访谈法、跨学科研究法、案例分析法等，取得了丰富的研究成果，为本文的研究提供了很好的理论支撑。但非遗研学旅行的研究起步较晚，直到近两年才逐渐引起重视。研究内容主要集中在：非遗与研学旅行的融合研究[13]；非遗研学旅行行业、基地发展研究[14]；非遗研学旅行开发研究，主要涉及遗研学旅行产品开发[15]、课程开发、非遗教学项目设计研究。研究方法主要有问卷调查法、实地调查法、综合分析法等。研究理论应用还不够广，部分研究中涉及有昂普理论、供需理论等的应用。研究地域较分散，在非遗研学旅行开发上虽有对于产品和活动的设计，但绝大部分仍以提出开发建议和对策为主，而没有立足地域特色文化、基于传承人视角进行开发构想设计，实际应用价值不够高，非遗研学旅行的原生性没有得到很好的体现。

三、四川省传统技艺类非遗资源概况

据统计，截至 2022 年 12 月底，四川省共有传统技艺类非遗项目 1 454 个。其中，国家级项目 35 个，省级项目 301 个，市级项目 431 个，区（县）级项目 687 个，具体分类占比如图 1 所示。从四川省传统技艺类非遗项目地域分布图（见图 2）可以看出，四川省内的传统技艺类非遗资源丰富，但各地市州的技艺类非遗项目分布较为分散，其中甘孜、凉山、阿坝为非遗资源富集区，但由于其地理位置、多民族聚居等原因非遗研学旅行的开发效果不够明显。

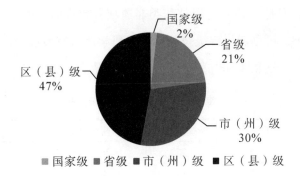

图 1　四川省传统技艺类非遗项目级别占比分布图

（来源：笔者根据数据统计自绘）

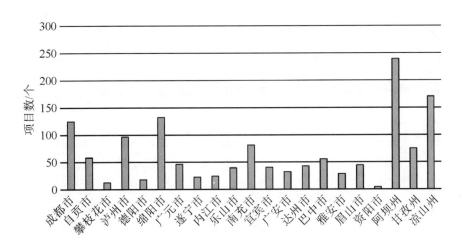

图 2　四川省传统技艺类非遗项目地域分布图

（来源：笔者根据数据统计自绘）

从四川省各地市州中传统技艺类非遗项目数量分布表（见表 1）可以看出，四川省内拥有传统技艺类非遗项目数量排名前四的是阿坝州、凉山州、绵阳市、成都市，拥有技艺类非遗项目数量最少的是资阳市。拥有国家级技艺类非遗项目数量最多的为成都市、泸州市、甘孜州，拥有省级非遗项目数量最多的地区是成都市和凉山州，拥有市级技艺类非遗项目数量前三的地市州为阿坝州、凉山州和泸州市，拥有区（县）级技艺类非遗项目数量前三的地市州有阿坝州、绵阳市和凉山州。可见四川传统技艺类非遗研学旅行有着深厚的资源基础、可期的市场前景，部分项目的非遗研学旅行开发价值大。

表1　传统技艺类非遗项目数量分布表

地区	国家级	省级	市（州）级	区（县）级	总计
成都市	5	27	24	69	137
自贡市	3	11	4	38	57
攀枝花市	0	2	3	8	17
泸州市	5	15	57	20	100
德阳市	2	2	8	6	23
绵阳市	1	14	32	84	133
广元市	0	3	10	32	48
遂宁市	2	3	11	6	23
内江市	0	7	12	6	28
乐山市	1	11	7	18	39
南充市	1	7	21	51	84
宜宾市	2	13	13	10	43
广安市	0	0	13	19	36
达州市	0	9	8	24	44
巴中市	0	3	15	36	56
雅安市	2	9	4	12	28
眉山市	0	7	22	14	47
资阳市	0	2	0	0	3
阿坝州	2	21	68	148	242
甘孜州	5	22	37	10	87
凉山州	4	27	62	76	179

数据来源：笔者根据四川非物质文化遗产网数据统计制作。

四、基于传承人视角的四川省传统技艺类非遗研学旅行整体发展环境与发展现状

本文抽取了四川省内 15 个传统技艺类非遗项目（见表 2），并对其传承人进行了问卷调查或访谈，从而了解四川省传统技艺类非遗研学旅行发展的整体发展环境与发展现状。

表 2　抽样调查的四川省传统技艺类非遗项目名录

序号	名称	类别	级别	地区
1	歧坪真丝地挂毯织造技艺	传统技艺	省级	广元市
2	七佛贡茶茶饼制作工艺	传统技艺	省级	广元市
3	米仓山茶制茶工艺	传统技艺	省级	广元市
4	保宁醋传统酿造工艺	传统技艺	省级	南充市
5	醋传统酿造技艺（阆州醋传统手工酿造技艺）	传统技艺	省级	南充市
6	牛肉烹制技艺（阆中盐叶子牛肉制作）	传统技艺	省级	南充市
7	龙台酒传统酿制技艺	传统技艺	市（州）级	广安市
8	永寿寺豆腐干生产工艺	传统技艺	市（州）级	广安市
9	泥汉坪手工制陶技艺	传统技艺	市（州）级	广安市
10	达县灯影牛肉传统加工技艺	传统技艺	省级	达州市
11	东柳醪糟酿造技艺	传统技艺	省级	达州市
12	渠县呷酒酿造技艺	传统技艺	省级	达州市
13	蓝印花布制作技艺	传统技艺	省级	巴中市
14	蒸馏酒传统酿造技艺（江口醇酒传统酿造技艺）	传统技艺	省级	巴中市
15	通江银耳生产传统技艺	传统技艺	省级	巴中市

资料来源：笔者统计。

（一）四川省非遗研学旅行的整体发展环境

据传承人口述，因四川省政府坚持"以文促旅，以旅彰文"的发展理念和建设文旅强省的发展目标，其在推动非遗文化和旅游产业的深度发展，其中包括文旅项目、非物质文化遗产活态利用、集群民宿、传统工艺振兴等工作方面支持力度较大，为保护传承、发展振兴技艺类非遗提供了良好的发展环境，不断加强对非遗资源的挖掘和阐发，提升传承实践水平。截至2022年年底，第一批四川省非物质文化遗产项目体验基地一共就有171个。据悉这些非遗体验基地的各项设施较为完善，拥有展示、演示、教育教学于一体的功能，是四川省非物质文化遗产实践的优秀阵地，知识性、教育性都比较强。这为"非遗+研学旅行"的开发打下了坚实的基础。

（二）四川省传统技艺类非遗研学旅行发展现状

通过分析，四川省传统技艺类非遗研学旅行发展现状的部分统计结果如表3所示，可以看出大部分传统技艺类非遗传承人开展了研学旅行，能够开展一定的研学旅行课程，但仍然存在尚未开发的情况，而且超过一半的传统技艺类非遗研学旅行基地存在缺乏专门的传统技艺类非遗研学教材的情况。

表3　四川省非遗传承人开展研学旅行情况的抽样调查结果统计表

	开展传统技艺类非遗研学旅行	固定的传统技艺类非遗研学旅行场所	配套的传统技艺类非遗研学旅行课程	专门的传统技艺类非遗研学旅行教材	传统技艺类非遗研学导师
有	80%	93%	60%	30%	80%
无	20%	7%	40%	70%	20%

数据来源：笔者根据数据统计自制。

具体情况如下。

第一，传统技艺类非遗研学旅行场地以传承人工作室为主，单次研学旅行时间不长。

在传统技艺类非遗研学旅行场所方面，通过统计可知，传承人将工作室作为研学场所的达 60%，80.02% 的单次研学旅行持续时间为 2~4 小时，8% 的研学项目持续时间超过了 5 小时。

第二，传统技艺类非遗研学旅行课程内容设计以经验为主，专业性较缺乏。

在传统技艺类非遗研学旅行内容设计方面，48% 的是根据传统技艺类非遗传承人自身经验完成，约 26% 是依照技艺类非遗的手工艺品类型展开，约 20% 按照技艺的难易程度展开，仅约 6%% 由专业人士进行课程设计。

第三，单个的传统技艺类非遗研学旅行的体验丰富，但针对性设计较少，区域研学资源缺乏整合。

在传统技艺类非遗研学旅行的技艺体验环节设计上，约 87% 由非遗传承人根据实际情况灵活决定，12% 的研学环节会在与甲方沟通后，进行定制。

第四，研学模式立体，能较好地做到研学一体。

在研学过程的实施方面，在研学模式上，有 60% 会按照"讲解—演示—体验"模式展开，也就是先介绍非遗项目的历史文化、技艺特色、工艺流程，再由传承人或弟子演示传统技法，最后再指导协助游客完成项目的体验制作。约有 30% 会按照"演示—体验—讲解"的顺序进行，也就是先进行技法演示，再让游客亲自动手体验，在其体验过程中进行讲解。仅有约 7% 的传统技艺类非遗研学项目会采用单一模式，只有游客的体验环节，会根据具体情形决定是否进行示范或讲解。

第五，传统技艺类非遗研学师资由专、兼职导师构成，传承人的授课经验丰富，但教学专业化缺乏指导。

在当前传统技艺类非遗研学师资方面，有研学授课经验或接受过培训的导师有约 60%，兼职传统技艺类非遗研学旅行导师有约 40%。调查显示，非遗传承人对于开展研学旅行的积极性都比较高，但研学内容及实施主要依靠非遗传承人自身经验及拥有的资源完成，缺少专业化力量的支持。

五、基于传承人视角的四川省传统技艺类非遗研学旅行开发对策

根据调研中传承人的需求，以及前期四川传统技艺类非遗研学旅行发展现状的基本情况，提出四川传统技艺类非遗研学旅行开发策略。

（一）打好本土文化牌，发挥地域优势，科学规划设计

地域性、民族性是非遗文化的特色，每一项非遗技艺的形成都与当地的气候环境、民风民俗、人们的生活劳动密切相关，开发非遗研学旅行产品不能脱离非遗文化生长的环境。

一是要合理引导、加大力度，针对甘孜州、凉山州、阿坝州的传统技艺类非遗旅游资源进行因地制宜的融入，充分利用好、发挥好这三个地区的传统技艺类非遗资源的价值，突出民族、民俗特色。

二是可以整合区域的传统技艺类非遗资源，对某些地区进行划片区的一体化线路设计。对适宜的地区应当进行分片划区科学规划，将地方的自然人文特色与非遗技艺融合，设计研学旅行路线，开发研学内容。比如以广元市为例，可以根据广元的四县三区行政区划，依托本土传统技艺类非遗项目，打造一条技艺类非遗研学旅行环线：米苍山制茶技艺非遗研学—旺苍棕编非遗研学—木门醪糟技艺非遗研学—旺苍土酸菜技艺非遗研学。这种方式可以将独立的传统技艺类非遗项目点串接成一条非遗研学旅行线路，既可以整合资源，又可以实现共享共赢。设计恰当的研学旅行内容，帮助人们体会祖先发明的传统技艺中所蕴含的造物智慧，激发人们对家乡的热爱之情，特别是对青少年爱国爱家乡的教育和引导具有深刻的现实和历史意义。

（二）整合独特民间风俗，创新非遗技艺研学旅行体验

四川省拥有独特的民间风俗，比如绵阳市拥有全国唯一的羌族自治县和"人类活化石"白马藏族，可以考虑将少数民族风俗与非遗技艺整合，形成体现民族文化多样性、民族融合主题的研学旅行内容。广元拥有独特的民俗文化活动，如女儿节，可以将女儿节的活动风俗与传统技艺类非遗研学旅行结合起来，利用遗传习所、民俗博物馆进行整合，从吃、穿、住、用、娱等旅游要素多个方面进行研学内容和体验的设计，既能增添研学活动的趣味性、体验感，又可以使游客从中了解广元的独特风俗。

（三）多方合作、共同发力，对传统技艺类非遗传承人等导师主体进行教育教学专业性培训

前期调查发现，在传统技艺类非遗研学旅行的实施中，研学导师的从业者绝大部分来自旅行社，他们中的大多数人对于本土非遗项目的文化内涵认知不够深刻，对传统技艺类非遗研学旅行产品的教育属性认知还不到位，所设计的课程中缺乏文化内涵，课程设计不能够很好地体现教育规律。因此政府、教育部门、非遗传承人、社会等应该多方合作，通过搭建沟通平台，建立协调机制，吸引懂教育、懂旅游、懂文化的专门人才加入，组建研学课程开发机构，通过优势互补打造专业化的传统技艺类非遗研学旅行产品，从而促进传统技艺类非遗研学旅行具备同时满足教育、非遗物质文化遗产传习、旅游的多重属性。

（四）拓展用户市场，明确传统技艺类非遗研学产品定位

前期调研发现，部分传统技艺类非遗项目的产品开发定位不够准确，导致综合效益不够明显。实际上，研学不仅仅是学生的"专利"，从广义上来讲，构建学习型社会，各个阶层、各类人群、各类人员都可以开展研学。老年群体有闲有钱，大多数对中华优秀传统文化感兴趣，同时大中专院校作为职业技能型、综合型人才的培养之地，是传统技艺类非遗传习的重要场所，是传承非遗

的重要阵地。因此，从广义上讲，研学旅行的客户群体不应该仅落在中小学生身上，还应该深入拓展市场群体，如开发老年非遗研学、大中专院校的非遗研学，并根据不同群体的体验需求，研发不同的传统技艺类非遗研学课程体系，将传统技艺类非遗的研学内容进行模块化细分，从而进一步突出非遗研学的教育属性，甚至可以推出定制型的传统技艺类非遗研学线路和研学产品。

参 考 文 献

［1］ RITCHIE B W. Managing educational tourism ［M］. London：Channel Views Publications，2003 .

［2］ ABUBAKAR A M, SHNEIKAT B H T, ODAY A. Motivational factors for educational tourism：a case study in northern cyprus ［J］. Tourism management perspectives，2014，11（7）：58-62.

［3］ IVANOV S H, TASHLAI I. Educational tourism-the case of eastern European students：Driving forces，consequences，and effects on the tourism industry ［J］. Tourism today（forthcoming），2014（1）：360 - 366.

［4］ SMITH H J M, REVELL K D. Micro-incentives and municipal behavior：Political decentralization and fiscal federalism in Argentina and Mexico ［J］. World development，2016（77）：231-248.

［5］ JUNG J, HAN H, OH M. Travelers' switching behavior in the airline industry from the perspective of the push-pull-mooring framework ［J］. Tourism management，2017（4）：139-153.

［6］ BHUIYAN M A H, ISLAM R, SIWAR C, et al. Educational tourism and forest conservation: diversification for child education [J]. Procedia-socialand behavioral sciences, 2010 (7): 19-23.

[7] RUHIMAT M, ERIDIANA W, SETIANATA A A. Eligibility of traditional village as the object of educational tourism [J]. IOP conference series earth and environmental science, 2018, 145 (1).

[8] KOMANDYSHKO E. The study of the use of the artistic resource in educational tourism [J]. Journal of advanced research in management, 2018 (9): 861-867.

[9] 杜丽卿. 研学旅行产品开发研究: 以金华为例 [J]. 中国商论, 2015, (24): 98-100.

[10] 彭小珊, 毕燕, 兰瑛. 研学旅行产品开发策略研究: 以南宁市为例 [J]. 广西师范学院学报 (哲学社会科学版), 2019, 40 (2): 93-100.

[11] 钟晓鹏. 研学旅行市场运行模式探析: 以安徽省为例 [J]. 湖北理工学院学报 (人文社会科学版), 2018, 35 (4): 78-82.

[12] 李胜桥, 李凡, 李滨. 新时代研学旅行的运营模式与优化发展路径: 以云南省为例 [J]. 资源开发与市场, 2020, 36 (2): 206-209.

[13] 龚娜, 戎阳. 非遗研学旅行的小剧场空间与角色互动模式研究: 以贵州民族村寨为例 [J]. 贵州民族研究, 2022, 43 (1): 98-103.

[14] 文媛, 沈世伟. 价值共创视角下非遗研学旅行产品开发研究: 基于需求侧的调研 [J]. 资源开发与市场, 2021, 37 (3): 380-384.

[15] 苟勇. 艺术院校非遗工作室的建设与发展路径研究: 以四川艺术职业学院为例 [J]. 四川戏剧, 2020 (8): 178-180, 184.

第四部分

研学旅行基地建设

供给侧结构性改革下
南充研学基地发展研究

李利　杨红峰

摘　要··

　　研学基地是开展研学旅行活动的重要载体。研学基地的建设水平直接影响到研学实践活动开展的效果。本文从供给侧结构性改革角度入手，对南充市国省级研学基地进行分析，期望通过政府牵头制定标准、政府引导校企合作共建课程、政府推动政校企共建平台等方式，推动南充研学基地的规范、有序发展。

关键词··

　　供给侧结构性改革；研学基地；南充

　　基金项目：四川研学旅行发展研究中心项目——"供给侧改革下南充研学基地发展研究"（项目编号：YX22-26）（此项目题目中"供给侧改革"指"供给侧结构性改革"，为与项目公示文件保持一致，此处不作修改）；南充市社科研究"十四五"规划2024年度项目——"基于文化传承视角的南充市非物质文化遗产研学旅行开发研究"（项目编号：NC24B317）。

　　作者简介：李利，女，西华师范大学管理学院讲师，管理学硕士，主要从事乡村旅游、研学旅行研究；杨红峰，男，南充科技职业技术学院医学院副院长，管理学学士，主要从事旅游教育、研学旅行研究。

自 2013 年国务院办公厅在《国民旅游休闲纲要（2013—2020 年）》中提出"研学旅行"的设想，各地就开始蠢蠢欲动。2016 年，教育部等 11 部门印发《关于推进中小学生研学旅行的意见》（以下简称"《意见》"），把研学旅行置于学校教育之中，其地位可见一斑。2023 年年初，各地研学实践活动轰轰烈烈开展起来，中小学生纷纷走出校园，走进各地的研学基地。一时间，全国各地都迎来了研学旅行高峰，研学基地推出的研学旅行项目应接不暇，但也问题频发。

一、研究背景

（一）供给侧结构性改革与研学旅行

供给侧结构性改革是指从供给、生产端入手，通过解除供给约束，积极进行供给干预促进经济发展。在供给侧结构性改革中，宏观政策要稳、产业政策要准、微观政策要活、改革政策要实、社会政策要托底。自《意见》明确将研学旅行纳入全国中小学教育教学计划，一时间，各地开始重视研学旅行，纷纷发布当地的研学旅行政策。2017 年和 2018 年，教育部相继发布了两批，共计

622 家全国中小学生研学实践教育基地和营地，开发了 6 397 门研学实践课程和 7 351 条精品线路，全力推进研学旅行的发展。[1]但从 2020 年年初开始，疫情不仅影响了经济的发展，还导致研学活动销声匿迹。疫情过后，全国各地的研学实践活动遍地开花，南充市辖区内中小学不同年级的足迹也遍布南充各地，研学基地一边敞开大门迎接万千学子的"检验"，一边又疲于奔命、乱象频发，诸多问题亟待解决。

（二）研学基地研究现状

研学基地是开展研学旅行活动的重要载体。目前，学术界关于研学基地的研究主要集中在研学基地空间分布特征、研学基地建设、研学课程设计、基地评价等方面。

关于研学基地空间分布情况，相关专家以教育部公示的两批全国中小学生研学旅行基地为研究样本，采用地理空间分析方法[2]、空间自相关[3]、相关性分析[4]等方法对全国范围内研学实践基地的空间分布规律和影响因素进行研究，发现研学基地存在空间分布不均衡、分布密度不均匀等情况，政策制度环境、经济发展基础、区位交通条件、旅游资源禀赋、教育发展水平等是影响基地空间分布的主要因素。

在研学基地建设上，相关专家以自然景观、农业研学、科普基地、红色教育基地等不同类型的基地为研究对象，提出不同类型基地的建设策略。李丹丹、曾汉辉等提出在地质公园中建设研学基地需要注重研学环境打造、研学效果评价，还应当加强研学旅行课程资源库、人才库、网络资源共享平台建设[5]。杨悦对宁波、福建武夷山的农业研学基地建设进行了研究，指出应多方协同，从开发目标、建设要素、选择标准、运营模式四个维度对基地建设进行优化[6]。周林兴和邹莎建议以管理、服务、宣传、评价、保障五方面为抓手，完善档案馆研学基地建设运行机制[7]。付金梅以重庆红岩研学旅行基地为对象，建议红色研学旅行基地建设应注重打造特色品牌、健全管理机制、完善配套设施，特别要加强团队建设，包括研发团队、师资团队和日常管理团队[8]。

学者们在研学旅行课程设计上达成了共识，不约而同地认为应当结合不同学段学生的特点，立足学校育人目标和课程，系统构建校本研学课程体系，从课程类型、课程环节上与中小学进行衔接[9][10]，为中小学生研学实践提供参考。

学术界在研学基地的研究上大多从微观视角介入，而供给侧结构性改革的研究主要集中在经济、教育、金融、管理和政治等方面，鲜少将研学置于供给侧结构性改革的宏观背景之下进行探讨。本文从供给侧结构性改革角度切入，以南充市国省级研学基地为研究对象，全面分析南充研学基地发展中存在的问题，结合地方现实情况给出建议。

二、南充研学基地概况

南充市位于四川盆地东北，辖区内有三区一市五县，分别是顺庆区、高坪区、嘉陵区、阆中市、西充县、南部县、蓬安县、仪陇县、营山县。自 2018 年起，南充拥有经过教育部和四川省教育厅认定的各类研学基地共计 26 家（省级研学基地中有 2 家与红色研学基地中的 2 家为相同单位），其中国家级研学基地 1 家、省级研学基地 13 家、省级研学营地 2 家、地学类研学基地 3 家、红色研学基地 9 家（具体情况见表 1）。南充市的研学基地广泛分布于市辖区内，其中，仪陇 6 家、阆中 6 家、高坪 5 家、顺庆 4 家、营山 2 家、西充、南部、蓬安各 1 家。研学基地以红色文化类为主。

表 1　南充市研学基地情况

级别	数量	基地名称	基地类别	立项年份	部门	所在区县
国家级研学基地	1	朱德故里管理局	红色文化	2018	教育部	仪陇县
省级研学基地	3	阆中古城景区	综合实践	2018	四川省教育厅	阆中市
		朱德故里景区	红色文化			仪陇县
		四川省国防教育学院	国防科工			高坪区
	5	阆中中华传统文化博览城	传统文化	2019	四川省教育厅	阆中市
		张思德纪念馆革命传统研学实践基地	红色文化			仪陇县
		朱德铜像纪念园革命传统研学实践基地	红色文化			仪陇县
		西华师范大学环境教育研学实践基地	其他			顺庆区
		仪陇县海升脱毒苗研学实践基地	劳动实践			仪陇县
	5	中国桔村研学实践基地	劳动实践	2022	四川省教育厅	顺庆区
		阆中丝毯织造技艺传习展示中心	工业产业			阆中市
		凤仪湾中法农业科技园	劳动实践			高坪区
		营山双实研学基地（进士之谷）	综合实践			营山县
		南充轻松林海战狼户外拓展基地	综合实践			高坪区
省级研学营地	1	南充壮志凌云国际营地公园研学实践营地	综合实践	2019	四川省教育厅	高坪区
	1	中国非遗传承研学（阆中）营地	传统文化	2022	四川省教育厅	阆中市

表1(续)

级别	数量	基地名称	基地类别	立项年份	部门	所在区县
地学类研学基地	3	阆中地质矿物博览馆	地学类	2021	四川省文化和旅游厅、四川省教育厅、四川省林业和草原局、四川省地质矿产勘查开发局	阆中市
		嘉陵江曲流-凌云山研学旅行实践基地				高坪区
		太蓬山研学旅行实践基地				营山县
红色研学基地	9	长坪山红色教育研学实践基地	红色文化	2021	四川省教育厅、四川省文化和旅游厅、四川省林业和草原局	南部县
		张澜故里				西充县
		蓬安县周子古镇红色教育研学实践基地				蓬安县
		朱德同志故居纪念馆				仪陇县
		朱德铜像纪念园 *（与省级研学基地重合）				仪陇县
		张思德纪念馆 *（与省级研学基地重合）				仪陇县
		罗瑞卿纪念馆				顺庆区
		张澜纪念馆				顺庆区
		阆中市红军烈士纪念园				阆中市

三、南充研学基地发展中存在的问题

（一）研学基地类型单一、地域分配不均

作为四川省第二大人口城市，南充市研学市场庞大。《2022 年南充市国民经济和社会发展统计公报》显示，南充全市共有中小学生 88 万余人。而截至2023 年年底，南充国省级研学基地仅有 26 家。单从研学基地数量来看，尚不足以满足本地市场需求。放眼全省乃至全国范围来看，研学基地数量与在校中

小学生人数的比例还处于较低水平。南充集三国文化、丝绸文化、红色文化、嘉陵江文化、春节文化和风水文化等多种文化于一体，适于开发研学旅行的资源极为丰富，但就目前研学基地开发建设情况来看，问题较多，表现在以下3个方面。

1. 基地类型单一

南充26家研学旅行基地（营地）以红色教育实践基地为主（见表1），红色文化类基地11家，占比42.3%，而其他类型研学旅行基地数量偏少，南充可供开发的各类资源尚未被充分利用。

2. 地域分配不均

南充市辖区内有三区一市五县。从南充研学基地地域分布情况来看，26家研学旅行基地（营地）中，仪陇县独占6席，占比23.1%，南部、西充、蓬安三地各自仅1席，占比3.8%，分布极其不均衡。

3. 高等级基地缺乏

从研学基地等级分布情况来看，南充的国家级研学基地仅有1家，这和南充拥有的可开发建设的研学资源种类、数量和等级不匹配。

按照《意见》指示，不同学段的学生研学内容应有差异（见表2）。南充研学基地类型单一和地域分配不均的现状，不利于各区县研学实践活动的开展，特别是以了解县情乡情为主的小学阶段研学旅行活动的开展。

表2　不同学段研学产品设计要求

学段	可涉猎研学产品类型	研学范围
小学1~3年级	知识科普型、文化康乐型	乡土乡情
小学4~6年级	知识科普型、自然观赏型、励志拓展型	县情市情
初中	知识科普型、体验考察型、励志拓展型	县情市情省情
高中	体验考察型、励志拓展型	省情国情

（二）研学课程内容简单、学段覆盖不全

南充各研学基地一般配置有自己的研学课程，通常采用实地观摩、理论讲解和亲身体验各类活动的方式进行。例如：在蓬安相如故城，开设有国学课程和体验课程，学生着汉服、习六艺，感受中国传统文化；在营山双实研学基地，学生可以体验到收割、搬运、传递、脱粒等农耕劳动的全过程，充分感知农耕文化；在西充亚洲有机农业峰会展览馆，学生可以进行劳动实践。相关活动寓教于乐，让学生在体验中完成研学，增强了学生对某类文化的初步认知。但部分研学活动也存在一些问题：形式大于内容，在研学旅行实际操作过程中，本末倒置，过多注重"旅行"的形式和过程，而对"研"和"学"两方面的内容设置、实施细节、课程深度等方面挖掘不深，效果不明显。目前南充市研学基地的产品设计偏重文化体验、劳动实践、红色教育等方面，对于自然探索、人文解读、精神弘扬、非遗传承等方面涉足不深。这样的研学内容设计在小学阶段及初中低年级阶段是可行的，但对于初中高年级、高中层次的学生来说较为浅显，不具备研学吸引力，难以让学生产生研学兴趣。

（三）专业研学导师匮乏、专业技能不足

目前，四川省研学旅行基地建设尚无统一标准，部分市州根据各地情况，自设规范。2020 年，四川省旅游学会标准委员会曾审定四川系列研学标准。在《基地建设与服务标准》中指出，研学基地应为每个团队配置数量适宜的专（兼）职研学导师，学生与研学导师的配置比例不低于 30∶1。经过考察发现，目前南充研学基地承担"研学导师"工作内容的大部分为基地工作人员，或为当地人，或为研学公司员工，研学旅行旺季通常会聘用地方高校专业学生临时客串，服务质量参差不齐。承担研学导师工作的人员普遍不具备"研学导师"资质，在文化水平、综合素养、研学研究、专业技巧、课程系统等方面更是欠缺，部分基地（营地）导师甚至还存在未经培训就安排上岗的情况，严重影响研学效果。

（四）研学评价机制欠缺

研学评价机制可以帮助基地了解其存在的问题，提高基地的服务质量和研学效果。一般的研学评价机制应对不同主体进行评价，内容通常涉及目标评价、过程评价、成果评价和反馈评价等方面。目前研学活动由于时间、区域、年龄层次、课程内容、环节设置等限制，院校安排的研学实践活动多集中在 1～2 天，活动安排相对紧凑。研学基地往往更注重活动过程中"旅行"的体验，忽略了研学活动过程中的"研""学"评价环节，导致研学旅行仅止于"旅行"，缺乏良性的评价、反馈、完善机制，达不到对研学基地进行客观评价、质量整改的目的，也不利于其质量提升。

四、发展建议

（一）政府牵头，相关部门制定政策标准、加强监督管理

为进一步规范研学基地建设，南充市教体局宜在教育部、省教育厅文件和研学基地国家标准的指导下，会同相关部门，根据不同学段学生研学实践目标差异，制定不同级别基地建设标准和考核体系，形成"区/县级研学基地—市级研学基地—省级研学基地—国家级研学基地"的研学实践基地梯队建设体系，为各类学生提供实践场所。在研学基地规划、建设及运行过程中，组建由政府、高校、研究院、中小学、研学企业等研学相关领域人士参与的专业团队，在研学基地规划、申报、评审、建设及运营等过程中进行定期与不定期考核、定期与不定期抽查，以明察暗访的形式促进基地升级改造。同时，制定基地考核标准，实行积分制，基地积分达到上一级别之后，鼓励申请升级，择优晋升。反之，则进行相应的降级、摘牌等处罚，从而形成地方研学基地良性发展机制。

（二）政府引导，校企合作完善研学课程、制定评价体系

1. 完善研学课程

2021 年，南充市文广旅局发布了《南充市全域研学旅行发展总体规划》。规划提到，南充将着力构建"五彩"研学旅行体系，具体指"紫色·传统文化""红色·传统革命教育""绿色·自然生态""蓝色·科教文化""黄色·工业文化"。南充市人民政府宜鼓励、引导中小学、高校相关专业师资团队发挥专业优势，积极投身不同类型研学基地课程设计、执行、完善全过程。首先，高校宜立足地区资源优势，吸纳相关专业团队师资，深入调研，制定适合不同学段学生特点的研学课程。其次，研学基地宜与高校相关专业合作，达成合作协议，积极申请成为专业实践基地，吸纳各专业志愿团队参与课程的执行，在研学实践过程中不断收集资料、发现问题，为团队提供基础数据。最后，高校专业师资团队宜充分发挥专业优势，对相关数据进行归纳整理，不断完善研学课程，形成"设计课程—执行课程—统计反馈—修订完善"的研学课程设计体系。

2. 制定评价体系

研学评价是研学活动中不可或缺的一环。研学实践活动效果如何，需要对不同主体从不同方面进行全方位评价，高校在科研方面具有天然优势。为了更快地提升南充研学旅行的质量，南充市政府宜为中小学、研学企业、高校搭建互动平台，制定激励机制，鼓励高校根据研究需要制定研学评价标准，引导中小学、研学企业、家长等研学利益相关主体积极参与到研学评价的调研工作中，向高校反馈真实数据。在此基础上，发挥各方优势，形成科学的研学评价体系，充分利用研学数据资源，推动研学旅行研究和实践的双向互动与发展。

（三）政府推动，政校企共建数据资源平台、推动研学一体化发展

当下，"互联网+"已经融入各行各业，带来了诸多便利。无论是各地研学

资源，包括各类研学基地、适于开发的文化类资源、自然资源、红色资源，还是研学基地课程、研学导师资源、研学专家团队、研学活动的监测，都可以通过搭建研学旅行平台，在研学体系内实现资源的共建共享。但平台的搭建需要政府推动，融合院校师资团队、企业管理团队、技术团队等优势资源，共同建设、维护、促进平台发展，形成长效机制，更好地服务地方研学旅行良性发展。研究平台可以借助数据优势，积极展开理论研究，形成研学旅行统计报告，为南充市研学旅行政策制定提供智力支持，进而不断完善，形成南充范本、模型，带动川东北甚至川渝地区研学旅行发展。

参 考 文 献

［1］教育部已遴选 622 个全国中小学生研学基地和营地［EB/OL］.（2020-12-10）［2023-06-07］http://www.moe.gov.cn/fbh/live/2020/52763/mtbd/202012/t20201210_504727.html

［2］朱磊，李燕楠，胡静，等. 中国研学实践基地空间格局的多尺度特征级影响机理研究［J］. 干旱区地理，2023，46（4）：625-635.

［3］普朝高，普拉提·莫合塔尔，肖臻全. 我国研学旅游资源空间分布及影响因素研究［J］. 西北师范大学学报（自然科学版），2022，58（1）：99-105，112.

［4］吴儒练，李洪义，田逢军. 中国国家级研学旅行基地空间分布及其影响因素［J］. 地理科学，2021，41（7）：1139-1148.

［5］李丹丹，曾汉辉，孙洪艳. 基于地质公园的中小学研学基地构建［J］. 地理教学，2020（1）：61-64.

［6］杨悦，李书彦. 宁波农业研学旅游基地建设研究［J］. 宁波经济（三江论坛），2021，554（10）：45-48.

［7］周林兴，邹莎. 档案馆研学基地建设：生成逻辑、内涵描述及运行机制研究［J］. 档案与建设，2021（5）：9-14.

［8］付金梅. 红色研学旅行基地建设探究：以重庆红岩研学旅行基地为例［J］. 中国集体经济，2021（17）：117-118.

［9］张帝，陈怡，罗军. 最好的学习方式是去经历：研学旅行课程的校本设计与实施：以重庆市巴蜀小学为例［J］. 人民教育，2017（23）：19-24.

［10］邓纯考，李子涵，孙芙蓉. 衔接学校课程的研学旅行课程开发策略［J］. 教育科学研究，2020（12）：58-64.

第五部分

研学旅行活动评价

中小学研学旅行综合评价指标体系研究

何春 范志英 宋国琴 谢洋

摘 要

我国真正意义上的研学旅行是从 2013 年以后才逐步开始探索的，同日本、欧美等其他国家相比，萌芽起步时间稍晚，在理论研究和实践应用中存在一些问题，研学旅行评价体系不健全就是其中一方面。研学旅行评价和研学旅行中学校、教师、学生、研学实施者等各个利益主体紧密相连，并且贯穿整个研学活动和过程。根据目前研学旅行发展成果和课程实践经验，本文将对中小学研学旅行评价机制进行探索和研究，旨在优化评价指标体系的建设，为研学旅行课程设计、研学活动执行以及研学过程管理提供指导意义。

关键词

研学旅行；综合评价指标；评价体系

基金项目：四川研学旅行发展研究中心项目——"中小学研学旅行综合评价指标体系研究"（项目编号：YX22-34）。

作者简介：何春，女，西华师范大学教育信息技术中心副教授，成都理工大学地球物理学院博士，主要从事计算机图像处理和现代教育技术方面的研究；范志英，女，成都汉博德信息技术有限公司课程讲师，法学硕士，主要从事教育信息化平台和研学课程培训研究；宋国琴，女，西华师范大学教育信息技术中心副教授，主要从事模式识别和现代教育技术方面的研究；谢洋，女，西华师范大学教育信息技术中心助教，主要从事课程和方法论的研究。

2016 年 11 月，教育部等 11 部门联合推出《关于推进中小学生研学旅行的意见》（以下简称"《意见》"）。《意见》中明确提出："中小学生研学旅行……是学校教育和校外教育衔接的创新形式，是教育教学的重要内容，是综合实践育人的有效途径"[1]。《意见》要求建立健全中小学生参加研学旅行的评价体系，学校要努力将研学旅行评价结果纳入学生学分管理体系和学生综合素质评价体系[2]。

一、构建研学旅行综合评价指标体系的重要性

研学旅行的意义十分重要，需求也很迫切，目前旅游业界对此行业发展信心十足，各种研讨活动进行得十分活跃，有的机构认为研学旅行市场将达千亿元规模[3]。然而，尽管有教育部等 11 部门声势浩大地推行，但研学旅行在中小学校的进展却并不理想。一边是多个部门多个业态领域的热心助推，以及部分地方的积极试点；一边是家长们对安全和经费的担忧，以及中小学校的"冷眼旁观"[4]。究其原因，主要是一些中小学校长和教师心存疑虑。其中，除了安

全、经费等问题外，最担心的是对研学旅行如何计入学分、如何计入综合素质评价的问题[5]。

我们以为，在中小学研学旅行活动开展过程中，通过当地政府、学校、研学机构的相互协作和努力，安全和经费问题将会逐步得到解决，而如何实现科学合理的研学旅行评价才是研学旅行可持续发展的关键环节。研学旅行评价是为了让旅行中的各方面获得更好的体验结果，更好地了解学生的学习效果，同时也是研学旅行事业健康发展的重要保障。

构建研学旅行综合评价指标体系，明确各项评价标准和模式，有助于确保评价结果的客观性和可比性；有助于研学旅行组织者了解旅行中存在问题和不足之处，进一步改进服务质量，提升用户体验。通过评价结果，家长可以更深入地了解研学旅行的内容和组织形式，增强家长对研学旅行的信心，提升安全感，减少不必要的焦虑和担忧，促进家校合作，共同关注孩子的成长和发展。同时，学校和教师也可以了解研学旅行课程是否符合教育目标、教学要求，进一步完善课程设置，调整教学方式方法，推进学生综合素质评价管理，提升教育质量。

二、研学旅行综合评价存在的问题及成因

中小学研学旅行作为一种不同于传统旅行的旅游方式，在教育、社会、经济和环境等各层面均具有不可替代的作用和价值，能够对学生、学校和社会产生一定效益。而研学旅行评价结果是否全面和有效，关乎研学旅行活动成效好坏，准确找出研学旅行评价过程中可能面临的困境和问题，并提出相应改善措施，对中小学研学旅行活动的组织和实施起着重要作用[6]。目前，研学旅行评价存在的问题和原因主要包括两大方面。

（一）评价指标过于单一

目前，研学旅行综合评价主要关注学生学习成果和参与度，容易忽视学生

健康和安全保障、研学课程设计、研学承办者信度等重要因素，同时评价指标比较单一，未能将研学旅行评价作用完全发挥出来，导致研学旅行效果不佳。

研学旅行具有特殊性，通过书面考试、量化赋分等方式进行研学评价，评价结果往往不能真实反映学生研学旅行的效果，学校和教师需要从全局考虑，对研学旅行的课程设置是否合理、教学目标是否明确、学生研学表现是否优秀、研学机构是否达标等方面综合考评，这样才能做到以评促学、知行合一。

（二）评价方式不够全面

当前，大部分中小学校主要采用教师观察式、学生讲述式，以及学生作品成果对比等横向方式进行研学旅行评价，往往缺乏纵向维度和深度。缺失纵向串联式评价，可能造成评价数据不全面，评价结果不可靠，使得评价仅仅成为一种工具，无法实现学生的全面发展。

这类问题产生成因如下：一是缺乏统一评价标准和指标体系。研学旅行范围广泛，不同研学旅行的目标和实施方式需要制定不同的评价标准和指标体系。二是缺乏科学的评价方法和技术。目前评价方法主要依赖于口述和观察等方法，缺乏科学性和客观性。三是研学旅行实施者和评价者缺乏专业性和经验。研学旅行的实施者和评价者需要接受一定培训，具备相应的专业知识和实践经验，才能制定出科学的评价标准和方式。

三、构建研学旅行综合评价指标体系框架

《意见》要求各地要建立健全中小学生参加研学旅行的评价机制，把中小学组织学生参加研学旅行的情况和成效作为学校综合考评体系的重要内容。学校要在充分尊重个性差异、鼓励多元发展的前提下，对学生参加研学旅行的情况和成效进行科学评价，并将评价结果逐步纳入学生学分管理体系和学生综合素质评价体系[7]。

（一）研学旅行综合评价指标体系的建设原则

研学旅行活动一般可分为设计阶段、实施阶段和总结阶段，其中总结阶段是对研学旅行复盘，也是判断研学旅行活动成效好坏的关键环节。为保证研学旅行总结反馈结果准确可靠，在构建研学旅行综合评价指标体系时，应遵循三大原则。

1. 激励性原则

研学旅行的主体是学生，研学评价应以学生为中心，侧重评价学生在研学过程中表现和发展，吸引家长、指导老师、社会公众等多方参与，发现和记录学生的学习成果、体验感受，以及在研学旅行活动中探究问题和处理问题的能力，利用激励性语言关怀、评价学生，提高学生参加研学活动的积极性、提高学习主动性和提升自信心。

2. 系统性原则

评价指标的确定，需要遵循系统性原则。首先，指标体系的构建需要有层次性，自上而下，层层深入；其次，各指标之间需要相互独立；最后，各指标之间要有逻辑关系，与上一级指标和同级指标彼此联系，形成不可分割的有机统一体[8]。通过系统性设计，形成层次丰富、主次分明、逻辑清晰的评价指标体系。

3. 多元性原则

研学旅行评价多元性原则是指在对学生进行评价时，采用多种评价方式，保障评价结果的全面性，帮助学校教师制订个性化教育方案，促进学生个性化成长。一是评价主体多元化。评价过程中让老师、同学、小组成员等角色充分参与，从不同角度出发，评价学生知识储备、实践能力、思维能力、情感态度，全面了解学生研学效果。二是评价指标多元化。研学旅行不仅是对主体学生的评价，更应包括对课程建设、研学实施方案、活动目标、研学机构、研学导师等客观性评价，这样才能综合判断研学旅行成功与否。三是评价指标权重赋权方法多元化。可基于层次分析法、德尔菲法等方法进行权重的确定，使综合评价指标便于量化分析。

（二）研学旅行综合评价指标的选取

虽然中小学各学段教育教学目标存在差异，各地区所开展的研学旅行活动也有所不同，但是学生、课程、研学实施者始终贯穿研学旅行活动全过程，因此，评价指标应该涵盖这三个层面，确保研学旅行评价体系的综合性。

1. 学生评价

学生是课程评价的对象，对学生的评价工作要贯穿课前、课中和课后三个阶段。课前评价要看学生对行前事项准备是否充分，对研学活动目标和任务是否有清晰认识。课中评价要注意观察学生的参与度，关注学生的行为表现，还要关注学生的各种能力的提升，特别是要关注学生实践能力和创新精神的培养，重点关注学生的综合素质指标[9]。课后评价主要基于学生取得的内化成果、外显成果，通过成果评价，分析研究学生研学旅行的效果。

2. 课程评价

研学旅行中的"学"是根本，"课程"是核心，在评价研学旅行课程时，需要考虑课程思路、课程方案、课程目标、课程主题、课程规划以及课程实施等建设情况，因为研学旅行对课程本身的评价对于提高课程质量、推进教学改革具有重要意义。课程得到充分评价和反馈之后，可以优化设计，从而满足学生需求，实现教育目标。

课程评价分为四大维度：①课程设计的合理性。研学旅行过程中，通过学生实践活动和体验，能够直观判断课程设计的合理性，例如目标是否清晰、内容是否充实、方法是否科学等。②课程教学效果的评估。学生综合表现可以客观反映课程教学效果的好坏，并据此改进和优化课程设计和教学方法。③课程难度的把控。与学生沟通互动、收集信息，比如，可以了解课程难度是否适中，是否能够充分挑战学生，激发他们的学习兴趣和积极性。④课程价值的传递。

研学旅行给学生带来的不仅仅是知识与技能，更是人文历史、地域文化、社会价值等方面的启示和体验，教师、学生、家长或研学导师参与课程评价，可以更好地了解课程的价值是否真正传递给了学生。

3. 研学实施者评价

研学旅行是让学生在实践中学习的一种旅游方式，对研学实施者的评价非常重要。研学实施者主要包括研学主办方和研学承办方。主办方是指中小学校，负责研学活动创办和启动，搭建家长与研学服务机构之间的沟通桥梁，以及总结和研究研学旅行活动成效。承办方是指研学旅行机构，主要负责提供学校研学旅行服务。对研学承办方可通过多视角评价：一是研学活动安排，研学实施者应根据目的地特点和实地情况，合理安排研学活动时间、地点和内容。评价标准包括活动安排是否合理、是否有足够考察时间、是否安排丰富多彩的活动、交通食宿安排是否完善等。二是研学活动实施，研学实施者应负责组织和实施研学活动，并确保学生安全和健康。评价标准包括活动是否顺利进行、实施者是否有过硬的专业技能、是否具备应急处理能力、研学导师是否具备专门的学生指导能力等。三是研学活动服务，研学实施者应提供学生管理服务，负责协调内外部资源。评价标准包括是否能够与学校带队老师相互协作配合，反思总结是否完整，是否有切实可行的问题改进措施。四是研学课程设置，研学实施者根据目的地文化背景和学生年龄、兴趣等因素，设计符合课程要求的研学内容和活动。评价标准包括课程深度是否与实际情况相符、是否能激发学生学习兴趣。

（三）指标评分等级标准的制定

综合评价指标体系需要制定相应的指标评分等级标准，对所选指标进行客观、科学的评价，以反映所评价内容某一方面的真实情况[10]。中小学研学旅行评价包含学生、课程、研学实施者指标下的多项影响子因素，就需要建立统一的指标评分等级标准，一是对易量化的指标采用等间距法，划分为 [1~0.8)、

[0.8~0.6)、[0.6~0.4)、[0.4~0.2)、[0.2~0) 五个分值区间，分值越高，代表评价得分越高；二是对不易量化的指标采用模糊计分法，划分为"很好、较好、一般、较差、很差"五个主观判断区间。利用定量分析和定性分析相结合的方式，实现对各项指标的直观化、数据化和全面化分析。

（四）研学旅行综合评价指标体系的评价方式

研学旅行综合评价结果是未来研学旅行活动改进和完善的依据，为保证实施评价过程公正、透明以及具有说服力，我们在选取评价方式时要整合多方资源，保证评价结果真实有效[11]。

1. 真实性评价

真实性评价是以建构主义为理论基础，强调学习的主动性、情境性及协作性。它最早由威金斯提出，评价的目标是一个真实的任务，关注的是学生能力。真实性评价是学生个人或小组调动知识、情感、态度、价值观等各方面积极参与，在真实的生活环境中完成至少一项真实性任务，从而对学生学习的实际表现进行评价的过程[12]。我们可以对学生研学旅行具体过程中的表现，以及研学旅行活动结束后产生的效果这两方面进行真实性评价。

2. 表现性评价

表现性评价是指教师为了考查学生某方面知识和技能的掌握情况，以及问题解决、沟通合作和综合思考等多种复杂能力的发展状况，让学生在现实生活或模拟情境中运用所学的知识和方法解决某个现实问题或创造某种东西[13]。表现性评价重点在于评价学生在研学旅行中的表现和成长。一般来说，主要从以下几个方面评价：一是活动参与度，评价学生在研学旅行中积极参与程度，包括主动参与讨论、参与团队活动、积极发言等；二是自我管理能力，如自我调节情绪、遵守规则、管理时间等；三是团队合作能力，包括协调沟通、分工合作、团结互助等；四是知识技能掌握，评价学生在研学旅行中对历史、文化、自然科学等知识技能的掌握情况。通过这四个方面的表现性评价，可以帮助学生认识自己的不足，进一步提高学生的综合素质。

3. 量化评价

量化评价是指用量化的形式来分析事物的性质，是一种非常科学的评价方式。它用数量来表征复杂的教育现象和课程现象，并通过对数量的比较分析来检验某一评价对象的成效[14]。可以通过设计评价表量化指标，对学生、课程、研学实施者进行评价过程。为保证评价指标客观性和公正性，注意考虑指标权重分配，并对数据进行系统分析和横向纵向评估，输出中小学研学旅行活动的综合评价结果。研学旅行综合评价体系及评分标准见表1。

表1　研学旅行综合评价体系及评分标准

评价指标	评分标准				
	[1~0.8)	[0.8~0.6)	[0.6~0.4)	[0.4~0.2)	[0.2~0)
研学参与者-学生（A）					
课前阶段（A1）					
行前事项准备（A1-1）	很好	较好	一般	较差	很差
研学活动目标认识（A1-2）	很好	较好	一般	较差	很差
研学活动任务认识（A1-3）	很好	较好	一般	较差	很差
课中阶段（A2）					
学生参与度（A2-1）	很好	较好	一般	较差	很差
学生行为表现（A2-2）	很好	较好	一般	较差	很差
学生能力提升（A2-3）	很好	较好	一般	较差	很差
学生综合素质（A2-4）	很好	较好	一般	较差	很差
课后阶段（A3）					
内化成果（A3-1）	很好	较好	一般	较差	很差
外显成果（A3-2）	很好	较好	一般	较差	很差
研学产品-课程（B）					
课程设计（B1）					

表1（续）

评价指标	评分标准				
	[1~0.8)	[0.8~0.6)	[0.6~0.4)	[0.4~0.2)	[0.2~0)
目标（B1-1）	很好	较好	一般	较差	很差
内容（B1-2）	很好	较好	一般	较差	很差
方法（B1-3）	很好	较好	一般	较差	很差
课程教学效果（B2）					
学生表现（B2-1）	很好	较好	一般	较差	很差
课程难度（B3）					
课程难度把控（B3-1）	很好	较好	一般	较差	很差
课程价值（B4）					
知识与技能（B4-1）	很好	较好	一般	较差	很差
人文历史价值（B4-2）	很好	较好	一般	较差	很差
地域文化价值（B4-3）	很好	较好	一般	较差	很差
社会价值（B4-4）	很好	较好	一般	较差	很差
研学实施者（C）					
主办方-学校（C1）					
组织（C1-1）	很好	较好	一般	较差	很差
沟通（C1-2）	很好	较好	一般	较差	很差
承办方-研学机构（C2）					
研学活动安排（C2-1）	很好	较好	一般	较差	很差
研学活动实施（C2-2）	很好	较好	一般	较差	很差
研学活动服务（C2-3）	很好	较好	一般	较差	很差
研学课程设置（C2-4）	很好	较好	一般	较差	很差

（五）研学旅行综合评价结果的应用

研学旅行评价结果是判断研学旅行价值、改进课程实践、促进研学旅行有效开展的强有力依据[15]。因此，需要将评价结果最大化应用在学生、课程、研学实施者指标中，让评价结果成为研学旅行产业发展的一把利剑。

1. 学生

对学生而言，评价结果既可以更真实完整地反馈学生研学表现，对学生评优、学分认定提供数据支撑，也可以帮助学生提高自身综合素质水平。

2. 课程

在研学旅行综合评价体系建构下，通过指标评分评价结果的呈现，有助于发现课程目标、课程方案、课程实施等层面存在的问题或缺陷，从而提出优化课程设计有效措施，实现课程资源的高质量、可持续应用和实践。

3. 实施者

对研学实施者的主办方（学校）和承办方（研学机构）而言，一方面评价结果可作为学校反思研学活动执行情况和同承办方合作与否的参考条件；另一方面评价结果也可以为相关部门监管承办方研学旅行服务提供导向作用。

四、结束语

在研学旅行综合指标评价体系构建进程中，对评价指标权重设计和计算的研究将是本课题未来不断完善的重点。各地教育部门、各中小学校应进行积极探索，社会相关方面更应给予大力支持，形成多方协作互推的模式，提出更多关于评价指标、评价方式、评价标准的新思路[16]。同时，建立健全中小学研学旅行综合评价指标体系，并根据研学旅行活动实际情况不断进行调整和优化，提高研学旅行质量和效果。

参考文献

[1] 侯刘起，李帅，肖龙海. 我国研学旅行课程标准的现状与进路［J］. 上海教育科研，2023（4）：18-19.

[2] 金淼. 基于层次分析法的研学旅行综合评价指标体系研究［D］. 太原：山西大学，2020.

[3] 中国旅游研究院. 中国研学旅行发展报告［EB/OL］.中国社会科学网，2017 - 10 - 21. http://www. cssn. cn/zx/shwx/shhnew/201710/t20171023 _ 367695 3. shtml.

[4] 张保淑. 研学旅行：走出"成长烦恼"［N］. 人民日报（海外版），2017-08-02.

[5] 研学旅行如何落实？成都中小学校长教师有这些担心……［N］. 成都商报，2016-12-20.

[6] 胡慧芳. 地理研学旅行评价研究［D］. 福州：福建师范大学，2018.

[7] 张释元，丁勇. 从方案文本看小学研学旅行课程的实施［J］. 上饶师范学院学报，2022，42（5）：101-102.

[8] 郑惠. 研学旅行有效性研究［D］. 武汉：中南民族大学，2021.

[9] 姚刚. 小学研学旅行实施现状及对策研究：以南昌市 L 小学为例［D］. 南昌：江西农业大学，2020.

[10] 保继刚，楚义芳. 旅游地理学［M］. 北京：高等教育出版社，1999.

[11] 刘艳红，刘梓煜，袁俊. 跨学科融合视角下的研学旅行产品设计研究：以福建省为例［J］. 特区经济，2020（9）：141-144.

[12] 陈玉华. 基于核心素养的真实性评价 [J]. 现代基础教育研究, 2017, 28 (4): 120-127.

[13] 教育部基础教育司，教育师范教育司. 普通高中新课程研修手册：新课程与学生评价改革 [M]. 北京：高等教育出版社，2004.69.

[14] 卢雪松. 基于多元智能理论的研究性学习评价 [J]. 文教资料, 2017 (26): 92-94.

[15] 王润，张增田. 研学旅行纳入学校教学的可为与难为 [J]. 教育科学研究，2018 (10): 64-69.

[16] 胡向东. 中小学研学旅行评价体系建设研究 [J]. 决策与信息，2018 (12): 10-18.